"Non posso vivere né con te, né senza di te"

DALLE PRIME ESPERIENZE DI ATTACCAMENTO ALLA DIPENDENZA AFFETTIVA IN ETA' ADULTA

ANGELO REGA

Copyright © 2024 Angelo Rega

Tutti i diritti riservati.
Codice ISBN: 9798342644730

INCIPIT

Il termine *"affetto"* (Affectus - da afficio nella sua forma passiva) significa *"sono colpito, sono mosso"* e implica la presenza dell'*Altro* che colpisce e accende emozioni; la sua natura relazionale esige una direzione e un legame, mentre la responsabilità personale, l'ethos, è deputata alla sua regolazione. In questo senso le qualità etico-affettive costituiscono la struttura portante della relazione coniugale, parentale e generazionale e da esse si desume il risultato del benessere della persona e della matrice della sua identità o, al contrario, il risultato della grave patologia personale e del malessere insopportabile nella relazione fra individui.

L'affetto, per esprimersi, necessita di un clima di speranza e di fiducia, è utile a produrre azioni e legami cooperativi fra i componenti della famiglia, ed è determinante per svilupparsi, progettarsi e desiderare di investire energie nell'Altro. La responsabilità personale, dal canto suo, esige il senso di giustizia in termini di dare, ricevere e ricambiare, ed il senso di lealtà nei confronti della persona amata.

Oggi la distorsione della dinamica *"affetto"*, intesa come uno squilibrio tra gli aspetti emozionali e quelli valoriali, dà vita ad un'affettività senza direzione e scopo, non associata all'ethos, che dovrebbe dar senso e rispetto al legame.

Tutto è percepito come pura saturazione di un bisogno e ridotto a puro sentimentalismo, a "ciò che si sente" e si prova.

Anche a livello educativo si osserva tale sbilanciamento, come se gli affetti fossero esenti da educazione. Victor

Emil Frankl recitava *"In un tempo come il nostro, cioè nell'epoca del vuoto esistenziale, l'educazione non può limitarsi a trasmettere usi e nozioni, ma deve preoccuparsi di affinare le coscienze"*.

All'interno dei legami orizzontali, in cui i soggetti si pongono su un piano paritetico in termini non solo di valore ma, di potere e responsabilità, la dimensione affettiva si traduce sostanzialmente nell'abbandono fiducioso all'Altro, nel calore e nell'intimità della relazione, mentre il polo etico si traduce nell'impegno per la tenuta del legame, nel rispetto dell'altro per la sua diversità e dignità.

È probabile che solo quando entrambi questi aspetti saranno presenti, si potrà realizzare un autentico legame affettivo, in cui il sentimento non sia solo puro appagamento di Sé ma, un valore che superi i bisogni individuali e testimoni l'eccedenza della relazione, come elemento terzo, degno di riconoscimento e di cura, quasi come a sospirare: <<*Se dico ti amo, è perché non ho bisogno di te*>>.

CONTENUTI

RINGRAZIAMENTI

Desidero esprimere la mia più profonda gratitudine a mia moglie e ai miei figli, per il loro amore, la loro pazienza e il loro sostegno costante. Grazie per avermi aiutato a trovare il tempo necessario per portare a termine questo progetto e per aver sopportato le mie assenze con comprensione e generosità.

Un ringraziamento speciale va alla mia famiglia di origine, le cui radici sono state per me fonte di forza e ispirazione.

Infine, il mio più sentito ringraziamento va ai miei pazienti. Grazie per la fiducia che riponete in me, per la vostra apertura e per permettermi di entrare nelle vostre storie.

1. INTRODUZIONE

"Senza limiti, senza confini, senza compromessi!". Questo è lo spot di una nota azienda di telefonia che affolla le televisioni di tutti gli italiani, e questo spot sembra essere lo specchio di una società così liquida, multiforme e priva di strutture. Negli ultimi anni stiamo assistendo a rapidi e radicali cambiamenti della società, dei mezzi di comunicazione, delle economie, delle nazioni, delle popolazioni che, non sempre, l'essere umano riesce a modulare, gestire e/o superare. Nascono così, in modo rapido, costante e preoccupante, nuove problematiche a livello psicologico le quali, ben presto, assumono quadri sintomatologici di veri e propri disturbi psichici ed organici, mettendo gli psicoterapeuti nella condizione di studiarli e fronteggiarli. Tali nuovi disturbi psicofisici, per la loro modernità, non sono ben classificati negli specifici manuali di psicologia e psichiatria ma, non per questo, non appaiono e non si confermano alla comunità scientifica e alle persone direttamente o indirettamente in essi coinvolte, come sostanziali patologie in grado di arrecare di fatto pericolose e/o dannose conseguenze. In tal senso, anche questi problemi e disturbi emergenti, possono nel tempo comportare seri disagi e menomazioni nelle più diverse aree funzionali e fondamentali alla vita e al benessere generale della persona, come ad esempio la sfera sociale, familiare, amicale, affettiva-relazionale, scolastica, sessuale. Per quanto detto questi nuovi disturbi psicologici si ordiscono sulle altrettanto nuove caratteristiche delle società moderne, sempre più contraddistinte da velocità, facilità, disinibizione,

egocentrismo, situazioni e dinamiche artificiali, egoismo, crollo dei valori e dei rapporti veri. In questo contesto sociale, da diversi anni, si parla di nuove dipendenze (*new addictions*), ossia di tutte quelle forme comportamentali dove non è implicato l'intervento di una sostanza chimica ma, bensì, di un'attività spesso lecita e socialmente accettata. Appartengono, infatti, alle nuove dipendenze il gioco d'azzardo, la dipendenza da Internet, da shopping, da lavoro, da sesso e da relazioni affettive. A rafforzare il concetto che si tratta di dipendenze comportamentali o relazionali, e non solo chimiche, ci aiuta il termine inglese con cui questi costrutti patologici vengono individuati, ossia il termine *New Additcions*. La lingua inglese, infatti, opera un'importante distinzione fra i termini ADDICTION e DEPENDANCE che, seppur in italiano siamo soliti tradurre con la stessa parola (dipendenza), in anglosassone hanno dei significati molto diversi. In inglese con il termine *dependance* si indica, generalmente, una dipendenza di natura fisica e di natura chimica, una condizione in cui l'organismo necessita di una determinata sostanza per poter funzionare, condizione che spinge il soggetto a richiederla continuamente. Sempre nella lingua inglese con il termine *addiction* si intende definire, invece, una condizione generale in cui la dipendenza psicologica spinge il soggetto alla ricerca dell'oggetto/comportamento/relazione senza la quale la propria esistenza diventerebbe priva di significato. Ecco perché spesso negli articoli scientifici inglesi i termini *ADDICTION* e *DEPENDANCE* non compaiono necessariamente insieme. Il riconoscimento che oggi sia possibile riscontrare nuove forme di dipendenza nei confronti di attività e relazioni, e non più soltanto di sostanze chimiche, conferma un'ipotesi in via di definizione nel mondo della psicologia, ossia che possiamo avere soggetti che sviluppano una sorta di *addiction* senza sviluppare una vera propria dipendenza (come nel caso di un bisogno imprescindibile di mettere in atto di comportamenti che per il soggetto diventano significativi ma che però non compromettono il versante fisico della persona), e soggetti che vanno incontro ad una forma di dipendenza fisica senza però *addiction,* e quindi senza sviluppare una sorta di circolo patologico che conduce alla completa autodistruzione e all'isolamento del soggetto (come accade nel caso della dipendenza da nicotina). Osserviamo, già da un semplice approccio terminologico, come il concetto di dipendenza si configuri estremamente complesso e come racchiuda una molteplicità di aspetti, riguardanti tanto il comportamento dell'individuo, quanto i vissuti, i significati psicologici e le conseguenze che derivano da tale esperienza. Comprendimento, pertanto, come il costrutto clinico della dipendenza possa essere definito secondo svariati punti di vista, e una definizione che tenga conto di un solo aspetto di questo fenomeno, che investe invece l'individuo a vari livelli e nella totalità del suo funzionamento, non risulti esaustiva ed impedisca l'interpretazione di una tale complessità. Accade spesso che il giovane terapeuta, per esempio, cerchi di comprendere il fenomeno della tossicodipendenza appellandosi solo alle caratteristiche della sostanza che il paziente assume, oppure scovando nella personalità del soggetto i soli tratti volti a giustificare la tendenza a sviluppare la dipendenza stessa, dimenticando che la letteratura clinica suggerisce di puntare l'attenzione sulla relazione che si instaura tra il soggetto e l'oggetto di dipendenza, inteso come processo unico, particolare e carico di significati (Rigliano, 1998; Shaffer, 1996). Non è quindi il tipo di droga o di attività a causare la dipendenza, ma l'interazione tra soggetto, oggetto e contesto.

Bateson (1976, 1984)[1], pioniere teorico della scuola di pensiero sistemico relazionale, ha fornito un'inquadratura concettuale utile a spiegare la complessità dei sistemi umani, soffermandosi proprio sul fatto che essi non seguono affatto una struttura monocausale lineare, anzi, secondo l'autore ciò che deriva in seguito ad un evento retroagisce sulle cause, andando a ristrutturare il vissuto e la percezione di sé. Bateson, in sintesi, postula che non sono le cause a provocare il comportamento ma, è l'esito del comportamento stesso il quale, creando un particolare significato nel soggetto, ne faciliterà o meno la reiterazione. Raccogliendo i presupposti sistemici di Bateson, Rigliano (1998) formula una definizione della dipendenza da sostanze molto densa di significato e, comunque, strettamente collegata al concetto di nuove forme di dipendenza: *"La dipendenza è ciò che risulta dall'incrocio tra il potere che la sostanza ha in potenza e il potere che quella persona è disposta ad attribuire alla sostanza"*. Il soggetto, quindi, portatore di una serie di caratteristiche e di bisogni, incontrando l'oggetto della dipendenza che

---

[1] Per Bateson "un sistema, in ultima analisi, è un'unità contenente una struttura di retroazione: quindi in grado di elaborare informazione". L'unità sistemica tipo è costituita dall'organismo individuale più l'ambiente in cui interagisce: infatti "la regola fondamentale della teoria dei sistemi è che se si vuole capire un fenomeno lo si deve considerare nel contesto di tutti i circuiti completi ad esso pertinenti" (ib., pp.394-395). La mente, per Bateson, è costituita da notizie di differenze che passano dentro e fuori dell'organismo e che vengono elaborate ricorsivamente per confermare l'accoppiamento fra l'organismo e l'ambiente.

può essere una sostanza, un comportamento o una relazione, vive un'esperienza particolare data dalla ristrutturazione che il sé subisce a seguito di questo incontro. L'interpretazione "positiva" di questo vissuto pone le basi per il suo ripetersi. Scahffer (1996) sostiene, infatti, quanto il nucleo della dipendenza sia rappresentato dall'esperienza soggettiva, ossia, quanto il modo in cui l'oggetto sia capace di cambiare la condizione dell'individuo. La dipendenza, pertanto, viene a configurarsi come un processo che si innesca quando una persona, nel contatto con un particolare oggetto, sperimenta sé stessa in maniera diversa, e legge questa nuova ristrutturazione del sé come positiva e soprattutto più funzionale. E' *"la convinzione individuale, in seguito ad un'esperienza soggettivamente interpretata, di avere trovato in un posto e solo in quel posto la risposta fondamentale a propri bisogni e desideri essenziali: che non è possibile soddisfare altrimenti"* (Rigliano, 1998; pag. 54). Il rapporto tra individuo e oggetto diviene esasperatamente esclusivo, perché solo quell'oggetto viene ritenuto in grado di fornire una risposta esaustiva ai bisogni di cui quell'individuo è portatore. Secondo quest'ottica, dunque, la dipendenza non ha una o più cause ma, si costruisce in una circolarità di bisogni e significati, che restringono il campo delle scelte possibili ad un'unica opzione: quella del contatto privilegiato con l'oggetto.

La diffusione delle dipendenze senza sostanza è strettamente correlata all'accettazione sociale e alla condivisione degli *"oggetti di dipendenza"* di cui abbiamo pocanzi discusso. Se riflettiamo, per esempio, su quanto l'eroina e altre sostanze psicotrope fossero socialmente accettate in determinati contesti culturali degli anni 70 afferenti al movimento rock, sicuramente ne potremmo comprendere la diffusione in quel determinato substrato sociale. Ebbene, oggi, gli oggetti delle nuove forme di dipendenza sono socialmente e culturalmente accettati non in una microcultura ma, bensì, in tutta la società e, al contempo, coinvolgono attività accettate e condivise, favorite dall'innovazione tecnologica e dalla cultura moderna che, se da una parte producono sviluppo economico e crescita personale, dall'altra rappresentano anche una motivazione di stress, di vuoto, di noia e di tendenza all'immediata gratificazione del bisogno. Nella tabella seguente ci apprestiamo a correlare alcuni esempi di sindromi da *new addiction* alle modalità con cui il tessuto sociale reagisce rispetto all'oggetto di dipendenza, osservando che, nella quasi totalità delle condizioni dipendenti, la società non tenda a valutare negativamente il nucleo che origina la patologia.

Sindrome	Corrispettivo sociale
Acquisto compulsivo	Nella società del consumismo ogni tipo di oggetto che si possiede può rappresentare uno status economico e sociale.
Le dipendenze da internet	I social network e i sistemi di messaggistica istantanea sono correntemente utilizzati da adolescenti e adulti, attraverso di essi avviene la maggior parte dello

	scambio di informazioni di un eventuale gruppo di pari. Nell'era della connettività pervasiva chi è poco "social" gode di considerazione negativa.
Il gioco d'azzardo patologico (gap)	Il gioco d'azzardo un tempo aveva un luogo, un tempo e uno spazio. Oggi la facilità di accesso a casinò virtuali, slot machine o poker online ha aperto le porte anche ai minorenni che, nella tranquillità della propria stanza, possono partecipare a pericolosi "tavoli" da gioco. Fortunatamente, negli ultimi due anni, il gioco d'azzardo online non è più socialmente accettato, sebbene, tra adolescenti e giovani il problema non sia ancora sufficientemente sentito.
Dipendenza sessuale	La libertà sessuale è socialmente accettata e condivisa, è specchio dell'emancipazione della società e della necessità di varcare ogni limite e confine. I lascivi costumi

	sessuali di personaggi pubblici e famosi diventano un modello per le future generazioni.
Dipendenza affettiva	Lo stato di dipendenza dell'individuo si configura spesso come una condizione mentale tipica del nostro tempo e rappresenta, sia una fonte alternativa di sicurezza, sia come evidente conseguenza dell'instabilità e precarietà delle istituzioni relazionali tradizionali.

L'accettazione sociale degli "oggetti di dipendenza" elude eventuali campanelli di allarme, evitando l'attivazione di meccanismo preventivi e favorendo, invece, la generazione di comportamenti a limite del lecito che, inevitabilmente, finiscono per diventare patologici attraverso atti compulsivi, pervasivi e invalidanti che li costituiscono.

In questo processo il soggetto affetto da dipendenza avvia l'uso di processi manipolativi verso un oggetto "Altro" (o "Altra" persona) con l'intento di raggiungere il benessere personale su compensazione psicologica.

Fra esse si distinguono:

Sex addiction, patologia che prende origine dalla necessità di ridurre una forte tensione psichica e/o somatica;

Shopping compulsivo, finalizzato all'alleviamento di un malessere psicologico, piuttosto che al raggiungimento di un piacere;

Work addiction, che si instaura a partire da ricompense secondarie e, quindi, dal piacere indiretto prodotto dall'azione lavorativa che presuppone nell'individuo la capacità di rinunciare ad un piacere immediato, in prospettiva di una ricompensa futura;

Internet addiction che, secondo Caretti (2005), è caratterizzata da tre livelli di disturbi del Sé e delle funzioni integrative della coscienza che conducono al ritiro dalle relazioni con il mondo esterno, alla considerazione del computer come rifugio della mente ed alla depersonalizzazione del soggetto che può condurre alla sostituzione dell'identità personale con una identità virtuale alternativa;

Gambling. dipendenza dal Gioco d'azzardo, considerato dall'individuo come la soluzione a tutti i propri problemi e necessità;

Dipendenza affettiva o comunemente denominata Love Addiction.

Vorrei fare della dipendenza affettiva, appunto, il tema centrale di questo elaborato, proprio perché essa implica fortemente la dimensione relazionale fra gli individui e la dimensione di tutti quei processi di costruzione sociale dell'Altro attraverso l'esperienza dell'alterità, con l'affascinante energia che pervade l'essere umano quando prova a connettere il proprio riconoscimento e la propria identità col specchiarsi reciproco. Fare esperienza di sé, conoscere sé stessi attraverso l'Altro, quasi come l'equivalente processo di costruzione della propria identità sul riconoscimento dell'identità dell'Altro e dove si può correre il rischio che perdendo l'altro si potrebbe perde sé stessi.

Il bisogno di un'altra vita per vivere la propria, infatti, è necessaria nel soggetto dipendente affettivo-relazionale e, sembrerebbe realizzarsi, quando una fragile costruzione di identità individuale determina la presenza di sentimenti di solitudine e di rabbia per la mancanza del riconoscimento della propria persona e per poter esistere, ha la necessità di utilizzare la volontà e la determinazione di un Altro che, a volte, anche non volendo, trascina verso un baratro di annullamento corporeo e mentale.

Rifletteremo nel corso di questo lavoro su quanto la dipendenza da qualcosa o da qualcuno potrebbe essere utile e positiva per l'uomo, a patto che essa sia transitoria e limitata al superamento di una difficoltà o di un gap di crisi esistenziale, o alla costruzione di un'autonomia superiore. Scopriremo, inoltre, quando il permanere in uno stato di immaturità psichica, senza riuscire a fare a meno della funzione "contenitore" dell'oggetto o della persona esterna a sé, possa dar vita ad problema personale, familiare e sociale che necessita dell'intervento, del sostegno e dell'aiuto di chiunque abbia capacità di comprensione e di relazione.

Affrontare il tema della dipendenza affettiva-relazionale, quindi, è una scelta difficile, se si pensa all'infinità di cause che sottendono alla sua formazione ma, di grande interesse, se si considera tale dipendenza come la principale causa di sofferenza psichica di soggetti che "apparentemente" non manifestano eccessi di comportamenti patologici proprio perché ben celati da stereotipi e cattive abitudini psicoeducative consolidate e giustificazioni sociali caratterizzate da negazioni ed incapacità di destreggiare le situazioni di evidente malessere. Come tutte le altre dipendenze patologiche definite senza sostanza, anche la dipendenza affettiva si connota come una delle più diffuse minacce al benessere psicologico dei soggetti che la sperimentano. Dal punto di vista socio-culturale il tema della dipendenza affettiva è quanto mai attuale, poiché, per sopravvivere e aver cura del proprio benessere, ogni soggetto sembra essere intrappolato in una fitta trama di dipendenze a maglie strette, insite nell'intricato sistema sociale che lo costringe ad analizzare e frazionare continuamente i propri bisogni personali per collocarli appropriatamente e adattarsi meglio all'ambiente in cui vive manifestando, di conseguenza, sempre più difficoltà affettive e relazionali.

Lo stato di dipendenza dell'individuo si configura presso come una condizione mentale tipica del nostro tempo e rappresenta una evidente conseguenza dell'instabilità e precarietà delle istituzioni relazionali tradizionali quali la coppia, la famiglia, la scuola che, concorrendo sempre più alla produzione di comportamenti ambivalenti e conflittuali, favoriscono la formazione di relazioni affettive superficiali e deboli.

Studi sociologici hanno osservato come la prevalenza del disagio psichico, conseguenza della dipendenza affettiva, si possa riscontrare nelle donne educate alla sottomissione all'uomo, infatti, in passato, *"le ragazze venivano preparate al matrimonio e alle responsabilità di cura sin dalla più tenera età — alle donne è stato trasmesso il forte 'dovere morale' nei confronti delle necessità di accudimento di figli e familiari e la responsabilità del 'benessere e della felicità' degli altri membri del nucleo familiare, i ragazzi sono stati orientati all'indipendenza e all'impegno lavorativo finalizzato al mantenimento economico delle famiglie"* (Ruspini, 2004, p.54).

Uno stile educativo, quello delle donne, strutturato sulla bassa autostima, tale da creare la necessità di dipendere dall'uomo o da qualunque altra persona socialmente riconosciuta quale genitore o "altra" ancora in grado di far valere il controllo sulla loro vita, delineando così che *"la persona dipendente è colui che ha bisogno necessariamente dell'appoggio altrui per colmare un profondo vuoto interiore, che ha le radici nell'età evolutiva. Il suo desiderio d'amore è, infatti, inversamente proporzionale al suo bisogno d'autostima, meno il soggetto si stima, più dubita di se stesso e più ha bisogno degli altri a cui spesso si affida con ingenuità"* (Catania, 2006, p.103) .

Le relazioni familiari tra adulti, distinte nelle differenze di età o, tra uomo e donna, sono state fortemente condizionate da concezioni e rappresentazioni culturalmente basate sulla "funzione sociale" che imponeva percorsi obbligati quali il matrimonio o l'obbligo a restare nella casa paterna e, in genere, con ruoli talmente rigidi da essere soggetti a critiche e giudizi così forti da isolare dal contesto sociale coloro che azzardavano a discostarsi dall'usanza convenzionale.

La società attuale riscontra, invece, un ordinamento di ruoli più flessibile e una minore attenzione alle critiche ed ai giudizi esterni, le aspettative nei confronti del rapporto di coppia e del matrimonio sono orientate verso la ricerca della parità e della reciprocità, in termini di scambio dei diritti e dei doveri insiti nella convivenza e si privilegiano gli aspetti più intimi del rapporto fondati sul rispetto dei valori interiori ed è per questo che la manifestazione dell'affettività disturbata, responsabile della condizione di dipendenza, diventa palese e richiede l'intervento riparativo. Il concetto di dipendenza affettiva, quindi, è sempre più utilizzato in ambito psicologico per descrivere quelle situazioni gravi e complesse di molte coppie. Comunemente per dipendenza affettiva o co-depandance si è inteso descrivere quella vocazione tipicamente femminile all'auto-annullamento e a una masochistica accettazione di violenze psichiche e fisiche ad opera del partner. Il partner diventa, inoltre, un oggetto di attenzione ossessiva e morbosa che conduce la donna a trascurare progressivamente aspetti essenziali della propria vita, mettendo a rischio anche la propria incolumità. Inoltre, le più recenti scoperte in ambito neuro-scientifico ci hanno portato a pensare che la dipendenza affettiva vada intesa, in primo luogo, come modello di funzionamento mentale della coppia, descrivendo, quindi, una patologia di una mente bi-personale. In questo lavoro porremo la nostra attenzione sul nucleo e sul concetto di dipendenza, ci soffermeremo sugli inquadramenti nosografici e sui protocolli diagnostici; poi comprendere le più recenti scoperte che il mondo delle neuroscienze ha regalato alla psicoterapia, fino alla discussione di un caso clinico. Tutto questo per cogliere le peculiarità di queste "*folli*" relazioni d'amore.

2. TRA DIPENDENZA, INDIPENDENZA E ATTACCAMENTO

Lo sviluppo psico-affettivo dell'uomo, interpretato secondo il paradigma dell'attaccamento formulato da Bowlby[2], rileva la tendenza degli individui a stringere legami affettivi con altri esseri umani lungo tutto l'arco della vita, secondo un modello fornito dalla relazione precoce tra il bambino e il genitore; tali osservazioni si sono dimostrate poi molto utili nello sviluppo di modelli diagnostici e terapeutici delle *new addiction*, pertanto, è opportuno non trascurare gli studi sui legami primari.

Degni di nota furono gli esperimenti basati sulla *Strange Situation*[3] realizzati da Mary Ainsworth, essi permisero di distinguere tre tipi di attaccamento infantile: sicuro, insicuro-evitante, insicuro-ambivalente; che molto diranno in seguito rispetto alle dipendenze affettive. Tra queste configurazioni di attaccamento si distingue anche il più recente stile disorganizzato-disorientato, riconosciuto e descritto

---

[2] **La teoria dell'attaccamento:** inserita nell'ottica sistemica etologìco-evoluzionista, la teoria dell'attaccamento propone un nuovo modello psicopatologico in grado di fornire indicazioni generali su come la personalità di un individuo cominci ad organizzarsi fin dai primi anni di vita. Pertanto suggerisce nuove strategie terapeutiche e importanti accorgimenti preventivi per quei disturbi psicologici e psichiatrici dovuti ad un rapporto conflittuale del bambino all' interno della sua famiglia d'origine.

[3] **Mary Salter Ainsworth** evidenziò che i bambini da lei osservati sia in Uganda che negli USA facevano un uso della madre come di una base sicura da cui partire per esplorare(1,2). Lo stress che insorge in un bambino in seguito alla separazione dalla madre è stato per lungo tempo considerato indicativo dell'avvenuto attaccamento. Ainsworth et all. (1978) (3), notarono che in molti bambini, per altri parametri giudicabili "attaccati", tale protesta non si manifestava quando la separazione avveniva in un ambiente familiare. Ora è risaputo che, una volta attaccati alla figura materna, i bambini piccoli tendono a protestare con forza se vengono separati, contro il loro volere da tale figura, soprattutto se si trovano in un ambiente non familiare. La struttura del " test dello straniero " proviene da queste semplici premesse della teoria dell'attaccamento.

dalla psicologa statunitense Mary Main. I bambini che manifestano quest'ultimo tipo di attaccamento mostrano dei comportamenti non organizzati ed inusuali a causa di figure di accudimento che, a loro volta, mostrano solitamente un'assoluta imprevedibilità ed incoerenza nei messaggi inviati ai loro figli ed un'incapacità a saper entrare in sintonia con le loro esigenze emotive.

Gli individui classificati dalla Ainsworth come *sicuri* sono a loro agio con l'autonomia e con l'intimità, capaci di utilizzare gli altri come una fonte di supporto quando è necessario, posseggono un'alta autostima ed un'abilità di stabilire e di mantenere stretti legami intimi con gli altri senza perdere il senso del Sé.

Gli individui classificati come *"insicuri-evitanti"* sono convinti che gli altri non siano amorevoli e disponibili, e che essi stessi non siano degni d'amore. Nonostante desiderino accettazione dagli altri, giacché sono ipersensibili all'approvazione sociale, evitano i legami per paura sottesa di ricevere un rifiuto.

Gli individui, infine, classificati come *"insicuri-ambivalenti"* sono in grado di mantenere una positiva immagine del Sé, si allontanano dalle relazioni di attaccamento, ma sono caratterizzati da meccanismi di autodifesa e di controllo delle emozioni per essere invulnerabili al rifiuto da parte degli altri, nel senso che hanno imparato a *"disattivare il sistema di attaccamento, riducendo la loro tendenza a sperimentare l'ansia che segue tipicamente la mancata risposta di soddisfacimento dei loro bisogni"* (Clulow, 2003, p.94). Tale paradigma prevede che le diverse esperienze vissute nell'infanzia diano luogo a difformità relativamente stabili nella modalità di relazione e che gli stessi stili di attaccamento si manifestimo, anche, nelle future relazioni di coppia. Appare evidente, quindi, come la qualità degli attaccamenti primari dell'individuo sia strettamente collegata ai modelli interpersonali che intercorrono nelle fasi del ciclo vitale. Negli ultimi due decenni, infatti, ricerche empiriche hanno sostenuto la posizione di Bowlby che affermava: *"La strada sulla quale il comportamento di attaccamento dell'individuo diventa organizzato all'interno della sua personalità individuale porta ai modelli affettivi che l'individuo crea nel corso della sua vita"* (Bowlby, 1983, p. 41). Tuttavia, le caratteristiche dell'attaccamento non si mantengono stabili negli anni per tutti, cosicché, *"vari fattori possono portare ad una trasformazione dei modelli mentali, così che individui che abbiano fatto esperienza di cure materne carenti o distorte, o che abbiano sperimentato addirittura un'assenza di cure, possano poi rivelarsi sicuri e ben adattati"* (Fonzi, 2004, p.228). Un concetto fondamentale della teoria dell'attaccamento è dato dal *'modello operativo interno'* (M.O.I.)[4] che si costruisce, fin dalle prime esperienze di relazioni, e che caratterizza anche le successive relazioni del soggetto in età adulta, esso va inteso come un costrutto cognitivo che il bambino sviluppa come una rappresentazione di attaccamento derivante dal funzionamento e dal significato delle relazioni intime, cioè *"l'insieme delle*

---

[4] **I Modelli Operativi Interni** sono rappresentazioni mentali che gli individui, secondo Bowlby, costruiscono nel corso dell'interazione col proprio ambiente. Essi hanno la funzione di veicolare la percezione e l'interpretazione degli eventi da parte dell'individuo, consentendogli di fare previsioni e crearsi aspettative sugli accadimenti della propria vita relazionale. I Modelli Operativi Interni consentono all'individuo di valutare e analizzare le diverse alternative della realtà, scegliersi quella ritenuta migliore, reagire alle situazioni future prima che queste si presentino, utilizzare la conoscenza degli avvenimenti passati per affrontare quelli presenti, scegliendo un'azione ottimale in relazione agli eventi stessi. Quindi permettono al bambino, e poi all'adulto, di prevedere il comportamento dell'altro guidando le risposte, soprattutto in situazioni di ansia o di bisogno.

credenze e delle aspettative di una persona su come funzionino le relazioni di attaccamento e su cosa si possa ottenere da esse" (Clulow, 2003, p.70). Bowlby evidenzia anche come la forza dei legami di attaccamento non sia connessa alla qualità della relazione di attaccamento, e questo spiega perché gli individui vittime di abuso si sentano fortemente attaccati ai loro partner abusanti. Alcuni autori ritengono che nelle relazioni di coppia ciascun partner agisca come figura di attaccamento per l'altro e, nella forma ideale, ciascun partner possa tollerare l'ansia di essere dipendente dall'altro e anche di essere l'oggetto della dipendenza dell'altro, spostandosi empaticamente e flessibilmente tra le posizioni di essere dipendenti ed essere oggetto di dipendenza da parte dell'altro.

La stessa capacità di entrare in intimità con gli altri si basa sulla possibilità di entrare in intimità con Sé stessi e dalla possibilità di saper ricreare esperienze emotive.

"Una indipendenza autentica poggia sulle capacità di dipendere da altre persone, e di permettere ad altre persone di dipendere da noi" (Lingiardi, 2005).

Non è un caso che Vittorio Lingiardi scelga queste parole per costruire l'incipit di uno dei suoi articoli dedicati alla personalità dipendente e alla dipendenza relazionale. L'autore muove dal presupposto che sia più opportuno parlare di *dipendenze sane* e *dipendenze patologiche*, piuttosto che di polarità dipendenza-indipendenza; provando a definire *patologiche* le forme non negoziabili di dipendenza, o le pretese che possono essere eccessive e illusorie, di una ricerca disperata dell'altro, visto come regolatore unico ed esclusivo degli stati del Sé. Lo stesso autore si domanda, infatti, quanto sia giusto utilizzare il termine *indipendenza;* non è un caso, infatti, che il famoso autore Bowlby, avendo colto il sapore peggiorativo di questo termine, preferisca discutere di *attaccamento,* piuttosto che *dipendenza.* Bowlby, infatti, sostiene inverosimile la convinzione che il bambino, ormai capace di badare a sé stesso, debba diventare necessariamente indipendente e che ogni forte desiderio dell'uomo di una figura di attaccamento possa essere interpretato come segno di regressione, oppure, come l'espressione di un bisogno infantile. Muovendo da queste considerazioni, potremmo ipotizzare il fatto che dipendenza e indipendenza siano delle dimensioni compatibili e complementari, piuttosto che due poli contrastanti. La teoria dell'attaccamento, infatti, si è concentrata molto sulla tendenza dell'essere umano a strutturare legami solidi e affettivi con particolari persone e ha studiato questo genere di rapporti in termini di *bisogno - dipendenza,* oppure, di bisogno di *individuazione-simbiosi,* togliendo la possibilità ad altro genere di interpretazioni. Gli studi di Mikulincer e Shaver (2004, 159; 2008) cercano di dare un dimensione più relazione al concetto di attaccamento e ai suoi risvolti in età adulta, tant'è, sottolineano gli autori, che si potrebbe riflettere su quanto *"interazioni ripetute con "altri" significativi e capaci di protezione e sostegno tendono a produrre un senso relativamente stabile di sicurezza nell'attaccamento"* e, quindi, contribuiscono alla sensazione dell'essere umano di poter fare riferimento, al fine di ottenere protezione e sostegno, alle persone che sono più vicine. Tale atteggiamento, in più, permetterebbe di poter esplorare l'ambiente in modo sicuro ed efficace, di stabilire delle relazioni con gli altri in maniera del tutto soddisfacente e condurrebbe allo sviluppo di un modello del Sé stabile e positivo; così da poter dar vita a tutta una serie di strategie di regolazione affettiva positiva e in buona parte autonoma. Gli autori si riferiscono in questo caso ad una personalità adulta che è sì autonoma ma, allo stesso tempo, capace di fidarsi di chiedere aiuto e di appoggiarsi agli altri, in virtù del fatto che ha strutturato un forte senso della propria sicurezza a partire da alcune figure di riferimento. Naturalmente questo tipo di discussione solleva delle questioni in merito al rapporto tra la *sicurezza di attaccamento* e le *capacità di regolazione del Sé*, alcune ricerche condotte nel 2008 da Mikulincer e Shaver, considerano che la disponibilità delle figure di attaccamento non solo rinforzi la capacità di fare affidamento su figure sia esterne, sia interne ma, anche, che dispongano una base fondamentale per sviluppare delle capacità di autoregolazione soprattutto flessibili in presenza di situazioni stressanti. Tali studi sottolineano, difatti, come dei soggetti che presentino un attaccamento sicuro, abbiano livelli di autostima molto più alti e capacità di *problem-solving* e di *coping* molto più strutturate e articolate, nonché, punteggi più bassi alle scale che rilevano la presenza di un disturbo dipendente di personalità. A tal proposito e, in base alle definizioni poc'anzi riportate, Lingiardi, riferendosi alle ricerche di Mary Main sull'attaccamento e sui modelli operativi interni, preferisce fare una distinzione netta tra *attaccamento* e dipendenza, definendoli come nella tabella seguente:

ATTACCAMENTO	DIPENDENZA
Comportamento primario teso alla ricerca e al mantenimento della prossimità con una figura preferenziale, di solito percepita come più forte, saggia e competente.	Atteggiamento derivato dal bisogno di attaccamento che può *non* essere diretto verso un soggetto specifico e che si esprime attraverso atteggiamenti generalizzati, mirati a evocare assistenza guida e approvazione.

La copiosa produzione scientifica degli ultimi anni ha dato molto spazio allo studio del rapporto tra stile di attaccamento e personalità dipendente, sono state condotte ricerche che considerano la cosiddetta *"personalità dipendente"* come il risultato di un attaccamento ansioso che tende da autoperpetuarsi. L'osservazione in ambito clinico ha, inoltre, dimostrato come, tanto la dipendenza, quanto il senso di inefficacia, tendano ad aumentare quando all' attaccamento insicuro è associato a un trauma. Come osservano, appunto, Liotti e Farina (2011, 28) *"i contesti relazionali traumatici influenzano lo sviluppo delle competenze interpersonali causando tipicamente gravi difficoltà a riporre fiducia negli altri, oscillazioni tra ricerca di vicinanza protettiva e paura dell'intimità affettiva, e comportamenti inappropriati di controllo della relazione..."*. Secondo questa definizione è molto facile comprendere, dunque, come le relazioni affettive divengano instabili a causa del dramma che compromette lo scambio emotivo, quasi in maniera simile a quella che tipicamente si riscontra nei disturbi borderline di personalità: spesso ci imbattiamo, infatti, in persone affettivamente appiattite dal continuo sforzo di compiacere l'altro, verso il quale si sviluppa una patologica dipendenza. Le ricerche hanno riconosciuto, in aggiuntata,come gli attaccamenti disorganizzati siano influenzati anche da traumi da perdita o da abuso e, solo recentemente, si è arrivati a comprendere e a studiare il profondo impatto psicopatologico di questi stili di attaccamento disorganizzati. La descrizione più convincente di come la natura sottilmente traumatica di un ambiente di sviluppo caratterizzato da trascuratezza, conflittualità, interazioni disturbate, distorsioni della comunicazione, bugie e inganni possa contribuire a determinare una disorganizzazione del proprio stile delle relazioni di attaccamento si deve a Karlen Lyons-Ruth[5]. L'autrice sostiene che, a partire dall'età scolare, si inizia a sviluppare una personalità attorno a soluzioni difensive, associate a stati mentali che sono disorganizzati, spesso incoerenti e conflittuali; sono degli stati mentali che nelle ricerche della psicologa americana sono state definire "impotenza" - "ostilità" e che, seppur affondano le radici nelle interazioni disorganizzate madre bambino, presentano caratteristiche diverse. La Lyons-Ruth sostiene che gli individui caratterizzati da uno stato mentale *ostile* tendono a presentare contenuti mentali contraddittori, tendendo a valutare la stessa figura di accudimento sia in modo positivo, sia in modo negativo. Si tratta, ci dice

---

[5] **Lyons-Ruth** segue un modello di psicoterapia che si pone l'obiettivo specifico di «rompere il circolo vizioso» dei modelli relazionali ostili-impotenti e dell'attaccamento disorganizzato che spesso tengono in drammatico scacco la diade madre-bambino. Nella cura della diade il clinico deve rivolgersi soprattutto alla madre e «nel modo in cui vorrebbe che lei si rivolgesse al figlio. Ciò richiede un buon equilibrio tra un'attenta responsività ai sentimenti e agli obiettivi della madre e l'offerta di una struttura di aiuto e di direttive che la aiutino nel conseguimento degli obiettivi di cura del figlio».

l'autrice, di persone che mostrano solitamente confusione, inversione di ruoli, comportamenti intrusivi con gli altri. Viceversa, gli stati mentali *impotenti* si caratterizzano per una svalutazione globale di una figura di attaccamento che ha abdicato al proprio ruolo di genitore, coesistente però con un'identificazione totale con essa. Queste persone raccontano, spesso, di aver adottato nell'infanzia un ruolo protettivo nei confronti del genitore ma, ciò che appare, è una forte rabbia e aggressività che viene inibita nel rapporto con gli "*altri*" significativi. Questi individui possono, infatti, mostrarsi timorosi evitanti, docili e fragili, spesso sono soggetti incapaci di prendere l'iniziativa o di avvicinarsi all'altro e, di fronte a richieste eccessive, possono allontanarsi e declinare le richieste di contatto. L'autrice sottolinea come queste strategie siano entrambe espressione di un tentativo di proteggersi da una iper-attivazione senza possibilità di regolazione. In questo caso, proprio come fanno notare Liotti e Farina, è il sistema di difesa a dominare la personalità dell'individuo, mentre quello di attaccamento rimane del tutto disattivato, così da evitare quella che Winnicott (1963) definisce la "*paura di un crollo*". Comportamenti o atteggiamenti patologicamente *dipendenti* (accudenti) o *contro-dipendenti* (ostili) diventano così, paradossalmente, l'espressione del tentativo di fuggire da una relazione di attaccamento intima, vissuta come troppo pericolosa e traumatica. Per tornare al tema delle dipendenze patologiche, dalla prospettiva appena descritta, si potrebbe notare come l'estrema paura dell'abbandono e il tentativo di conservare una relazione per mezzo del continuo compiacimento dell'altro, possano essere letti come tentativi di difendersi da originari sentimenti d'impotenza e infermità legati alla precoce relazione traumatica con il genitore.

Sebbene tutte le ricerche sugli stili di attaccamento abbiano scelto come via privilegiata d'indagine il rapporto madre-bambino, non si può certo escludere da questo discorso il forte contributo che i teorici del pensiero sistemico abbiamo fornito su questo versante, ponendo la lente d'ingrandimento sulle famiglie e su come i suoi gli stili comunicativi contribuiscano, non poco, alla costruzione del Sé. Watzlawick (1971), pioniere del pensiero sistemico, evidenziando alcuni aspetti caratteristici del sistema famiglia quali l'omeostasi, la non sommatività, l'interdipendenza, l'equifinalità e la retroazione che intervengono nella dinamica relazionale, fornisce una buona base di discussione sulle probabili origini di comportamenti dipendi. Muovendo dall'assunto che *"il sistema familiare reagisce ai dati in ingresso quali le azioni dei membri della famiglia o circostanze ambientali"* (Watzlawick, 1971, p.128) e li modifica, dimostrando che l'equifinalità[6] (intesa come natura dei dati in ingresso) e la retroazione in particolare, sono determinanti nel movimento dinamico del sistema famiglia, potremmo ipotizzare che: se la

---

[6] **Equifinalità:** I risultati a livello di sistema non sono predicibili conoscendo semplicemente le condizioni iniziali del sistema. Questo concetto è particolarmente sfuggente alla comprensione. Quando parliamo di sistemi complessi, generalmente concordiamo sul fatto che le condizioni iniziali di tali sistemi siano di basilare importanza per i risultati a cui tali sistemi arriveranno nel tempo. Watzlawick inserisce un altro aspetto, quello dei parametri del sistema: egli suggerisce, seguendo Von Bertanlanffy, che siano i parametri del sistema a giocare un ruolo fondamentale nel definire lo stato di equilibrio del sistema, e non tanto le condizioni iniziali dello stesso. Per questo motivo, non soltanto dalle stesse condizioni iniziali possiamo ottenere risultati diversi, ma anche da condizioni iniziali identiche possiamo ottenere risultati diversi. La ricaduta di questo principio sulla pragmatica della comunicazione umana consiste nel considerare, in un contesto di analisi della comunicazione, l'organizzazione in corso del processo interattivo molto più importante degli elementi specifici costituiti dalla genesi e dal risultato. Il sistema è allora la migliore spiegazione di se stesso, e lo studio della sua organizzazione attuale è la metodologia più appropriata.

retroazione è negativa, come, ad esempio, quando una madre impedisce al proprio figlio di esprimere la sua volontà, il sistema familiare reagisce ai dati di ingresso, li modifica bloccando l'evoluzione, e ristabilisce le regole abituali per garantire la stabilità delle relazioni.

Grazie a questo principio e, secondo la logica di mantenimento di equilibrio del sistema, l'individuo dipendente metterebbe in atto comportamenti funzionali all'accettazione del sistema, rimandando la crescita. Quando invece la retroazione è positiva, come nel caso delle mamme che sorridono e gratificano i tentativi impacciati del figlio di camminare da solo, il soggetto, incoraggiato, risponderà al bisogno di equilibrio del sistema traendo un vantaggio dalla situazione e guadagnando la fiducia in sé. Spesso, la famiglia del soggetto dipendente presenta, infatti, inadeguatezza nella gestione dei conflitti familiari, disfunzionalità della coppia genitoriale, povertà di risorse presenti nei sistemi di appartenenza e, in alcuni casi, anche aggressività e violenza che impediscono il processo di svincolo del giovane adulto dalla propria famiglia di origine. Si tratta di storie di vita segnate da un ambiente familiare disadattivo e dal contatto con contesti fortemente diseducativi in pre-adolescenza e in adolescenza (Cancrini, 2003). Si tratta di un sistema famiglia chiuso, rigido e teso a mantenere il suo contenuto relazionale inalterato nel tempo, deformandosi e creando disfunzionalità relazionale interna, a seguito delle pressioni esterne causate dagli eventi socio-ambientali, dove l'individuo non trova nello scambio interattivo una conferma del sé e mette a repentaglio la propria stabilità mentale.

3. INTERSOGGETTIVITÀ, SINTONIZZAZIONE E DIPENDENZA

Fino a questo punto, abbiamo notato come buona parte delle teorie dello sviluppo dei legami primari, su cui ci riallacceremo per continuare il nostro lavoro sulla dipendenza affettiva, siano state basate, in maniera preponderante, su di un sistema di riferito essenzialmente intrapsichico; l'assunto dominante di gran parte della letteratura psicologica e psicoanalitica dell'età evolutiva ha considerato il bambino come un organismo relativamente passivo, le cui azioni e reazioni appaiono finalizzate primariamente alla riduzione degli stimoli. Negli ultimi anni, le più recenti ricerche, hanno permesso che si potesse passare dalla formulazione freudiana, centrata sul passaggio da una condizione infantile di assoluta dipendenza dall'oggetto, ad una concezione evolutiva relazionale che implicasse la necessità di osservare il bambino all'interno della rete interattiva che lo circonda. Il bambino non è un essere indifferenziato, anzi, possiede tutta una serie di competenze innate che promuovono lo sviluppo di un sistema interattivo che si realizza nelle relazioni d'accudimento significative. Fin dai più precoci momenti dello sviluppo, l'oggetto non può più essere considerato, come per Freud, l'unico strumento utile ad una scarica pulsionale, bensì l'essenziale regolatore di reciproche interazioni volte a promuovere lo sviluppo di un senso di Sé. Attualmente, nell'osservazione del bambino si indaga sul tipo di esperienza che il piccolo fa nel momento stesso dell'acquisizione di nuove competenze, focalizzandosi sull'esperienza soggettiva del neonato durante le interazioni sociali, sulle modalità esperienziali degli affetti, e sulla comprensione degli altri e di sé stesso. Sameroff propone un'ottica secondo cui lo sviluppo di ogni persona può configurarsi come un sistema regolato su due variabili principali: interno ed esterno, biologico e sociale. La componente biologica, espressione di un genotipo che fornisce la base per l'organizzazione comportamentale, domina alcune fasi dello sviluppo e dello svolgersi dell'esistenza, quali: lo stadio prenatale e postnatale, la pubertà e la vecchiaia. Nei periodi intermedi sembra svolgere una regolazione silente.

"Il sistema sociale interagisce con la medesima intensità in tutte le fasi della crescita e per tutta la vita di un individuo, incarnato progressivamente dalle figure genitoriali, dalla famiglia, dalla società, operando con l'individuo per la formazione di modelli adattativi di funzionamento" (Greco, 2010). Le relazioni assumono, quindi, un ruolo di primaria importanza, diventano lo strumento attraverso il quale risulta possibile attuare le regolazioni evolutive che modificano le esperienze infantili, in sintonia con le trasformazioni corporee e comportamentali. Gli scambi con i sistemi di regolazione permettono al bambino di acquisire competenze di autoregolazione biologica e comportamentale, rimanendo, comunque, per l'intero corso della vita ancorati a contesti interni ed esterni.

Stern definisce "sintonizzazioni" questi particolari sistemi di regolazione, si tratta di eventi in gran parte automatici che riguardano momenti interattivi tra il bambino e le figure di accudimento. Il passaggio dalla modalità di rapporto interdipendente a quella intersoggettiva è una vera e propria "rottura" degli schemi relazioni fin qui analizzati: *"Questa rottura, per essere accettata, deve essere vissuta da entrambi, contemporaneamente, come mutamento di sé, dell'altro e del rapporto stesso, o meglio, come rivelazione esperienziale di una possibilità di relazionarsi e, quind,i di esistere, anche al di fuori della dipendenza: il nuovo modello di rapporto che quindi si prospetta, è un modello di rapporto intersoggettivo che su null'altro si fonda se non sulla reciproca esistenza"* (Montefoschi, 1977).

La prospettiva intersoggettiva appena descritta ha fornito una nuova chiave di lettura della dipendenza, tant'è, che la ricerca clinica ha ipotizzato che nelle relazioni di coppie adulte ciascun partner agisca come figura di attaccamento per l'altro e, nella forma ideale, ciascun partner possa tollerare l'ansia di essere dipendente dall'altro, e di essere l'oggetto della dipendenza dell'altro, spostandosi empaticamente e flessibilmente, tra la posizione di "essere dipendente" ed "essere oggetto di dipendenza" da parte dell'altro.

La stessa capacità di entrare in profonda intimità con gli altri si basa, quindi, sulla possibilità di saper accedere all'intimità con sé stessi, e sulla possibilità di saper ricreare esperienze emotive. La buona intimità con gli altri viene stabilita dal raggiungimento, appunto, dell'intersoggettività, che Stern (1985) chiama *auto-consapevolezza*, ossia, l'attiva assimilazione ed il riconoscimento dei propri stati emotivi. Un sentimento positivo dell'intimità si basa sul piacersi e sul piacere agli altri, "*il bambino acquisisce esperienza nella regolazione del suo stato di attivazione e del suo stato affettivo sulla base del comportamento interpersonale di un'altra persona*" (Stern, 2003, p.49).

La sintonizzazione è, quindi, identificata come un'esperienza di *"essere con l'Altro"* attraverso l'affettività e con una funzione di "comunione interpersonale", attraverso la quale una serie di motivazioni reciproche mantengono la continuità della comunicazione verbale, visiva e corporea. Quando poi il bambino è in grado di fare la scoperta fondamentale di possedere una mente separata, e che anche le altre persone sono dotate di menti separate, l'intersoggettività diventa possibile e il suo Sé nucleare include anche un Sé mentale e un Altro mentale.

"Il carattere delle rappresentazioni interne interpersonali del bambino in via di sviluppo sarà fortemente condizionato dalle esperienze del Sé, condivise e sostenute, e dalle alterazioni che le pressioni genitoriali avranno, in un modo o nell'altro, indotto... Il senso del Sé del bambino, riflesso dai genitori, verrà, così, a delinearsi in rapporto alla storia delle sintonizzazioni passate e presenti" (Stern, 2003, p.184).

È possibile ipotizzare, dunque, che qualora queste esperienze intersoggettive siano state deficitarie nel corso dello sviluppo del bambino, il carattere di reciprocità messo in risalto da questo costrutto possa essere fortemente minato e, qualora il soggetto dovesse trovarsi a fronteggiare spinte verso l'indipendenza, risentirebbe del fallimento delle funzioni genitoriali e finirebbe per optare a favore di soluzioni patologiche. Un esempio tipico è rappresentato dalle oscillazioni di molti pazienti borderline tra il desiderio d'indipendenza e il bisogno di una vicinanza fisica/fusionale o di un'unione quasi fantastica. La tendenza patologica, in più, si basa sull'idea immodificabile dell'altro inteso come nutriente, esclusivo o, comunque, molto idealizzato. Il soggetto vive un continuo sentimento di perdita e si percepisce eternamente e assolutamente bisognoso, incapace di contribuire al proprio sostentamento e benessere.

Tutto ciò si discosta da una concezione sana della

dipendenza, che presupporrebbe i temi intersoggettivi dell'indipendenza, della mutualità e del patteggiamento e, dunque, basata sulla capacità di accettare le tensioni insite nel riconoscimento reciproco e nella indicibilità della differenza. Quando questa tensione, però, viene a cadere, il gioco della dipendenza comincia ad assumere i caratteri del dominio, della sottomissione nelle loro molteplici varianti.

4. LA DIPENDENZA AFFETTIVA TRA NEUROSCIENZE E PSICOTERAPIA

J. Mitchell (2000, 130), neurologo californiano, basa i suoi studi sulle addictions muovendo dalle considerazioni fin qui fatte sullo sviluppo del bambino, per poi introdurre un concetto di fondamentale importanza, ossia, che le esperienze precoci dell'infante creano dipendenza, non solo perché sono psicologicamente salienti ma, soprattutto, per causa dei loro concomitanti neurochimici.

Ci troviamo di fronte a una svolta nel mondo della psicologia, dove la neurofisiologia ci aiuta a comprendere tutte quelle relazioni oggettuali di natura aggressiva e tossicomaniche, quasi come a volerle spigare attraverso il correlato chimico che genera la dipendenza. Certo è che non possiamo trascurare tutto ciò che sappiamo rispetto al percorso delle endorfine che si stabiliscono nel cervello proprio durante i primi anni di vita e, nel contesto delle relazioni oggettuali precoci, sappiamo bene, secondo gli studi degli ultimi anni, che tutte quelle esperienze che hanno una connotazione affettivamente intensa sono caratterizzate da un rilascio di endorfine. Potremmo asserire, spiega J. Mitchell, che i derivanti stati cerebrali di queste esperienze vengono inevitabilmente associati a tutte quelle condizioni di profonda sicurezza, così come, contrariamente, potrebbero essere associati a tutte quelle condizioni di traumi o più profonda insicurezza, tali da poterci permettere di considerare la dipendenza in senso neurobiologico. Ecco, dunque, che nella costruzione dell'affettività dell'individuo subentrano nuovi elementi, sinora abbiamo conosciuto quelli affettivi e cognitivi della relazione, abbiamo considerato anche come questi ultimi influenzano le relazioni nel corso della vita ma, a questi, dovremmo aggiungere la maturazione degli apparati fisiologici e di come essi si sono costituiti nell'individuo ed evoluti nel tempo.

Si palesa, così, la complessità del fenomeno che ci apprestiamo a osservare, parliamo di un passaggio evolutivo effettivamente complesso, dove ogni essere umano dovrebbe passare dalla regolazione fisiologica, che sperimenta attraverso i legami significativi primari, ad una regolazione ben più complessa, inserita in un mondo interno simbolico. Ecco perché nello studio delle dipendenze affettive si è dato molto spazio alla relazione tra madre e bambino, ed ecco l'importanza delle ipotesi derivanti dagli studi Hofer, il quale sosteneva che all'interno di una relazione connotata da un'eccessiva intrusiva materna, il bambino abbia poche possibilità di manifestare, di sperimentare e di evolvere le sue funzioni auto-regolative, proprio in virtù dei continui atti di scoraggiamento perpetuati dalla genitrice che lo soggiogano alla dipendenza dalla relazione.

Sulla scorta di questo modello, originato dalle neuroscienze e dalle teorie dell'evoluzionismo, la condotta dipendente incomincia ad acquisire tutte altre sfumature e può essere descritta come la "ricerca di un apporto esterno" dove il soggetto ha bisogno, per il proprio equilibrio, di un regolatore "altro", che non può trovare a livello delle risorse interne. In sostanza, il modello di Hofer permette di ipotizzare che le persone possono diversificarsi, non solo per la qualità delle relazioni reali necessarie alla propria regolazione ma, anche, per il tipo di oggetto regolatore su cui scelgono di appoggiarsi per compensare le carenze auto-regolatorie.

"Perché il bambino possa arrivare a contare su una futura vita autonoma, questi processi regolatori dovrebbero gradualmente diventare dominio delle sue capacità di autoregolazione, attraverso una progressiva interiorizzazione dei processi regolatori diadici. In questo percorso sarebbero implicate tre componenti: la maturazione degli apparati fisiologici, l'interiorizzazione delle componenti affettive-cognitive della relazione, l'influenza di altre relazioni nel corso di tutta la vita." (Lingiardi, 2005)

Le neuroscienze hanno inoltre analizzato le reti neurali dell'amore. Il neuroscienziato Jaak Panksepp (2004) ha teorizzato che quando due persone si innamorano, diventano letteralmente indipendenti l'uno dall'altro. L'autore, infatti, ha scoperto un corollario neurale fra la dinamica dell'assuefazione da oppiacei e la dipendenza da una persona a cui siamo profondamente attaccati. Sarebbero implicate in entrambi i casi due aree chiave del cervello ovvero: la corteccia orbitofrontale7 e la corteccia cingolata8. Queste due aree, già note perché fortemente attive nei soggetti che abusano di alcol e di eroina, sarebbero responsabili della sopravvalutazione dell'oggetto da cui si dipende, e modificherebbero il circuito della gratificazione. In sostanza, il neuroscienziato Panksepp ritiene che la gratificazione che gli individui ottengono dalla droga sia biologicamente uguale al piacere neurale che deriva dal contatto con la persona che amiamo, tant'è, che i circuiti neurali sarebbero essenzialmente gli stessi. Altri autori, ancora, hanno ipotizzato la presenza di un substrato neurobiologico identico in tutte le forme di dipendenza sottolineando, la centralità del nucleo accumbens9 nella ricerca compulsiva

---

[7] **Corteccia Orbitofrontale:** Superficie inferiore del lobo frontale sovrastante le orbite oculari. Insieme alle altre aree della corteccia prefrontale, a quella orbitofrontale sono legate le capacità di prestare attenzione, di formulare programmi per il futuro, di iniziativa, di approfondimento del pensiero e il controllo di alcuni aspetti della personalità; essa svolge, soprattutto, una funzione di filtro attentivo, inibendo le informazioni e gli stimoli meno rilevanti per il compito in atto. Tale corteccia, inoltre, riceve informazioni nervose dal talamo dorsomediale, dalla corteccia temporale, dall'area tegmentale ventrale, dal sistema olfattivo e dall'amigdala. La percezione gustativa dipende, molto probabilmente, dall'integrazione di molte informazioni (non solo gustative elementari, ma anche olfattorie, tattili, termiche ecc.) che avviene a livello dell'insula e della corteccia orbitofrontale. Essa svolge un ruolo nel controllo delle emozioni e della motivazione, per cui le lesioni di quest'area producono perdita delle inibizioni e dell'autocontrollo, e i pazienti diventano del tutto indifferenti alle conseguenze delle proprie azioni. A disfunzioni della corteccia orbitaria sono attribuiti anche disturbi emotivi, come il disturbo bipolare e il disturbo ossessivo-compulsivo.

[8] **La corteccia cingolata anteriore (ACC):** è la parte della corteccia cerebrale situata nella regione superiore della superficie mediale dei lobi frontali, sopra il corpo calloso. L'ACC è la sede della corteccia cerebrale ove vengono elaborati, a livello inconscio, i pericoli ed i problemi cui un individuo è soggetto nel normale decorrere delle proprie esperienze. Può essere considerata come una sorta di sistema di allarme silenzioso: riconosce il conflitto in essere quando la risposta del soggetto è inadeguata rispetto alla situazione. Il dolore, il senso di inadeguatezza, o "quello strano non so che" che pervade la persona non è altro che un segnale che "c'è qualcosa che non va". La corteccia cerebrale produce questi segnali senza che l'individuo ne sia cosciente: si tratta di un meccanismo extra-razionale, quello che in termini comuni si dice "sesto senso".

[9] **Il Nucleus accumbens,** anche conosciuto come "Nucleus accumbens septi", è un sistema di neuroni situato nella porzione ventrale dello striato. Si pensa che giochi un ruolo importante nei meccanismi di rinforzo, nella risata, nella dipendenza,

dell'oggetto gratificante (Cannizzaro, 2005).

Da questi studi si sviluppano le nuove teorie e nuovi modelli diagnostici che riguardano le dipendenze affettive e le co-dipendenze, attraverso un approccio evoluzionistico che inquadra queste patologie come delle risposte disadattative dell'individuo.

"Interrogarsi sulle storie d'amore maledette e quelle segnate da sofferenza e perdizione, passione e auto-distruzione, è qualcosa che ha sempre avuto un forte fascino ed oggi in particolare le storie torpide ed amore e sesso hanno trovato numerose ribalte mediatiche. In tv ormai si sprecano di aspetti che commentano e spiegano gli esiti tragici di alcune di queste storie. Ascoltare gli aspetti morbosi E perversi è un po' come guardare dal buco della serratura i drammi di un amore. Solletica il voyeur che è in noi. Ma se mettiamo da parte questa parte meno nobile del nostro animo, interrogarsi sul senso profondo di certi legami d'amore può non essere necessariamente una profanazione di uno spazio indecifrabile" (Ruggiero, Iacone, 2013). Gli autori del libro si pongono delle domande lecite rispetto a quanto sia realmente opportuno accostare amore e patologia e se sia possibile andare a individuare le organizzazioni patologiche di certi soggetti, pure considerano la frequenza di pazienti, principalmente donne, che si trovano strette in legami di dipendenza o co-dipendenza, che seguono i loro compagni nell'abisso della dipendenza da sostanze stupefacenti, talvolta, mettendo a repentaglio la propria salute fisica e mentale.

---

nell'elaborazione delle sensazioni di piacere e paura oltre che all'insorgere dell'effetto placebo. Il nucleus accumbens è presente bilateralmente ed è situato tra la testa del nucleo caudato e la porzione anteriore del putamen ed è unito solo lateralmente al septum pellucidum. Il nucleus accumbens e il tubercolo olfattivo collettivamente formano lo striato ventrale che è parte dei gangli della base.

Gli spunti di riflessione che emergono dall'articolo sopraccitato considerando, tra l'altro, uno dei più recenti contributi sul tema delle nuove dipendenze e della dipendenza affettiva in generale, ci fanno notare quanto sia giusto affiancare la mostruosità del termine dipendenza, alle storie d'amore.

Come Lingiardi, anche gli autori Ruggiero e Iacone, considerano amore e dipendenza un connubio strettissimo, sostenendo che in una buona relazione di coppia sia opportuna una certa dose di dipendenza, proprio per evitare di dubitare sulla natura amorosa di tale relazione. Eppure, oggi, si discute ampiamente di nuove dipendenze, addirittura in modo pervasivo, ci troviamo di fronte a una vera e propria fenomenologia patologica e, tra queste, le dipendenze affettive e le dipendenze relazionali rappresentano un'affascinante dimensione.

Alla luce di quanto affermato nei capitoli precedenti, potremmo definire nello specifico la dipendenza affettiva e la co-dipendenza come le strutture patologiche in cui risaltano tutti quei comportamenti che vedono uno dei partner sottoporsi ad un'accettazione masochistica di violenze psichiche e fisiche ad opera dell'altro o, addirittura, per restituire un senso di vocazione tipicamente femminile all'auto annullamento, oppure a quello che diventa un controllo maniacale del partner, proprio come nelle storie "delle donne che amano troppo".

Ruggiero e Iacone sottolineano come tutti questi comportamenti diventino gli ingredienti della pozione di un amore folle, in cui uno dei due partner abbandona progressivamente tutti gli aspetti essenziali della propria vita per dedicare attenzione esclusiva al proprio compagno. Oltre a queste folli storie d'amore, con le quali si connota tipicamente la dipendenza affettiva, ci scontriamo poi con quelle storie che vengono definite di co-dipendenza, ossia quelle storie in cui i partner di pazienti dipendenti da alcol o da droghe, assumono le forme di appendici di questi soggetti, istaurando un legame così indissolubile con loro, tali da essere spesso ostacoli per i processi terapeutici.

Gli autori, in più, individuano i bisogni fondamentali che l'oggetto di dipendenza debba soddisfare per fare in modo che si possa parlare di dipendenza patologica nella relazione interpersonale. In prima istanza si evidenzia che "l'oggetto" debba soddisfare il bisogno di dare piacere intenso o ad alleviare un disagio, che il secondo bisogno, invece, debba configurarsi come il tentativo di ribaltare il gioco della relazione nella quale ci si sente schiacciati, quasi vittime designate, dove il partner "giusto" si identifica come colui che può riscattare un'intera vita piena di sofferenze, e terzo bisogno sia quello invece che si gioca sul piano dell'identità e della trasgressione, dove il partner possa restituire un'altra identità, questa volta più salda forte e rassicurante.

Cancrini (2004) sottolinea, infatti, come l'oggetto delle brame diventi il protagonista assoluto della vita, capace di soddisfare tutte le esigenze e, come l'individuo non realizzi più sé stesso, ma tutto il suo corpo e tutta la sua mente sono per l'altro, per la sua realizzazione e per la sua "guarigione". È facile notare come tutte queste funzioni, che sono peculiari delle coppie, possano suscitare nel terapeuta sistemico la riflessione di come nella coppia si possa essere formato un patto inconscio, di un campo psicologico interpersonale e intersoggettivo, che va a compromettere qualsiasi tipo di modalità che possa essere separata e autonoma di funzionamento, a favore di una modalità solo e assolutamente fusionale. Non dobbiamo dimenticare, infatti, tutti i processi di risonanza emotiva che intercorrono tra i membri di una coppia, basilari nella formazione della coppia stessa, centrali per stabilizzare la personalità e mantenere una coesione del sé, e come, sovente, tutti questi processi possano, addirittura, andarsi a saldare su premesse folli, rendendo indistinguibile chi dei due poli possa esserne portatore.

"In questo senso la co-dipendenza si può intendere come un modello, sia pure da porsi verso un estremo patologico, di funzionamento psicologico interpersonale, che non descrive quindi la mente di un solo individuo, ma tiene conto degli aspetti degenerativi che particolari relazioni possono indurre nell'altro. Chiaramente, questo possibile contagio, inteso come reciproco gioco delle parti, diventa drammaticamente circolare e spiraliforme" (Ruggiero, Iacone e Fargnoli, 2009).

5. DIPENDENZA AFFETTIVA E PROBLEMATICHE DIAGNOSTICHE

Le *new addictions* non hanno avuto per molto tempi una connotazione patologica riconosciuta e, pertanto, non sono state contemplate nelle edizioni del DSM IV[10] ed inoltre, come abbiamo visto, essendo costituite da una molteplicità e complessità di fattori, la loro classificazione tutt'oggi risulta difficile.

Nonostante studi e ricerche si siano concentrate sull'individuazione di fattori predominanti rispetto agli altri, tali da consentirne lo studio nella specificità dei sintomi e nel profilo patologico, e tali da lasciare intravedere la possibilità di un intervento preventivo, la nosografia a riguardo è sempre stata mancante.

Tra le nuove forme di dipendenza patologica, l'unica che realmente ha conquistato l'inserimento nell'attuale DSM IV (che è stato in uso fino alla pubblicazione dell'edizione italiana del DSM V nel maggio 2014), sotto la categoria dei disturbi del controllo degli impulsi,

---

[10] **DSM:** La prima versione risale al 1952 (DSM-I) e fu redatta dall'American Psychiatric Association (APA), come replica degli operatori nell'area del disagio mentale all'Organizzazione mondiale della sanità (OMS), che nel 1948 aveva pubblicato un testo, la classificazione ICD,[1] esteso pure all'ambito dei disturbi psichiatrici. Da allora vi sono state ulteriori edizioni: nel 1968 la DSM-II, nel 1980 la DSM-III, nel 1987 la DSM-III-R (edizione rivisitata), nel 1994 la DSM-IV e nel 2000 la DSM-IV-TR (testo revisionato, quella attualmente in vigore). Sono state anche effettuate piccole modifiche nelle ristampe di alcune versioni intermedie; particolarmente significativa la settima ristampa del DSM-II, che nel 1972 espulse l'omosessualità dalla classificazione psicopatologica. Il manuale DSM-V è stato pubblicato nel maggio 2013.[2] L'edizione italiana del DSM-V è in programma per i primi mesi del 2014[3]. Nel corso degli anni il manuale è stato migliorato ed arricchito con riferimenti allo sviluppo attuale della ricerca psicologica in numerosi campi, ma anche con nuove definizioni di disturbi mentali: la sua edizione più recente classifica un numero di disturbi mentali pari a tre volte quello della prima edizione.Consiste in una classificazione "nosografica ateorica assiale" dei disturbi mentali. I disturbi mentali vengono definiti in base a quadri sintomatologici, e questi ultimi sono raggruppati su basi statistiche.

non altrove classificati, è la dipendenza dal Gioco d'azzardo che nel 1980 venne inserita dall'American Psychiatric Association già nel DSM III.

Le *new addictions*, costituendo patologie emergenti in ambito psicoterapeutico e di grande rilevanza dal punto di vista clinico meritano, però, una classificazione e un protocollo diagnostico solido.

La valutazione diagnostica delle nuove forme di dipendenza comportamentale pone, però, non pochi problemi considerando l'assenza, ad oggi, di una categoria ufficiale all'interno dei vigenti sistemi di classificazione nosografica. La letteratura scientifica a riguardo ci permette solo di esporre le modalità di *assessment* del soggetto *addicted*, con particolare attenzione agli strumenti di valutazione sviluppati negli ultimi anni.

Tra le sindromi da dipendenza "senza droga", come già detto, troviamo: i disturbi alimentari, il gioco d'azzardo patologico, lo shopping compulsivo, l'uso massivo di internet, la dipendenza da lavoro, l'iperattività sessuale, l'uso problematico di videogames e di altre tecnologie. La "normalità" di tali situazioni ed il loro potenziale patologico pongono non poche difficoltà sul piano diagnostico. In una prospettiva dimensionale, dove si dovrebbe andare a collocare la linea di demarcazione tra una condotta normale ed una di natura patologica? Come tracciare il confine tra un sano interesse e una ossessione morbosa? Mentre risulta abbastanza semplice identificare i comportamenti tossico manici compresi nelle dipendenze classiche (alcol, droga), appare più incerta la definizione della dipendenza senza sostanza.

Tuttavia, il rilievo clinico di situazioni nelle quali

l'adozione di comportamenti finalizzati alla fruizione di esperienze gratificanti dà luogo a condotte disadattative, compulsive ed additive, deve far riflettere sull'importanza di trovare al più presto all'interno della comunità scientifica un accordo sulla classificazione e sulla definizione di quadri talvolta francamente psicopatologici. (Cacace, Valsavoia 2008)

In assenza di una classificazione ufficiale nel DSM VI-TR, che individuava specifici criteri ai fini di una formulazione diagnostica precisa, si osservano ancora oggi pareri discordanti, che generano poi confusione della formulazione della diagnosi circa la categoria nosografica in cui far rientrare le *new addictions* e generato difficoltà nella comunicazione della diagnosi al paziente.

Durante la fasi di preparazione del DSM V, i gruppi di lavoro deputati alla classificazione sono andati incontro a non pochi contrasti, tant'è, che alcuni psichiatri ritenevano che esse dovessero trovare posto nell'Asse II del DSM, tra i disturbi di personalità; altri preferivano collocarle in una specifica sezione, all'interno dei disturbi da uso di sostanze, nell'Asse I; taluni sostenevano che le condotte di *addictions* dovevano essere inserite nella sezione dedicata ai disturbi del controllo degli impulsi, categoria che comprendeva già il GAP; infine, vi era chi riteneva potessero collocarsi all'interno dei disturbi dell'umore o delle sindromi ossessivo-compulsive.

Goodman (2011), mutuando i criteri diagnostici della dipendenza da sostanze codificati nel DSM IV-TR, ha proposto una nuova categoria diagnostica per le nuove dipendenze: l'*addictive disorders*; in suo articolo (*What's in a Name? Terminology for Designating a Syndrome of Driven*

Sexual Behavior), molto critico rispetto alle terminologie psichiatriche, scrive quanto segue a proposito della dipendenza sessuale:

"La maggior parte dei clinici e dei ricercatori concordano sul fatto che esiste una condizione in cui il comportamento sessuale di una persona provoca uno stress personale o una compromissione funzionale. Tuttavia, le domande rispetto a quale inquadramento nosografico debba essere associato a tale patologia, rimangono ancora aperte. Questo articolo esamina le denominazioni che sono più spesso impiegate - compulsività sessuale, impulsività sessuale e dipendenza sessuale - e conclude che la dipendenza sessuale sia il termine e la categoria più adatta".

La Barbera et al., cercando di sfuggire dall'impasse nosografico, hanno preferito, invece, proporre un modello descrittivo di natura fattoriale che riconduce tutte le forme di dipendenza (dalla tossicodipendenza all'alcolismo, dal GAP allo shopping compulsivo, dall'internet *addiction disorder* allo sport *addiction*) a tre fattori specifici: 1) ossessività: pensieri e immagini intrusive e ricorrenti riguardanti l'esperienza di dipendenza; 2) impulsività: incapacità di resistere al desiderio della messa in atto del comportamento di dipendenza; 3) compulsività: attuazione della condotta nonostante le possibili conseguenze negative. Questo modello, sebbene sfugga ad una categorizzazione precisa, risulta utile all'operatore clinico che cerca elementi peculiari nella formulazione diagnostica.

Gli studi preliminari di revisione del DSM-V (*DSM-V Research Planning Activites*), invece, fanno ravvisare la possibilità che le dipendenze comportamentali trovino collocazione in una nuova categoria nosografica, denominata *reward dependence disorders* (dipendenza da gratificazione), a fianco di quella dei *substance use dependence disorders* (dipendenza da uso di sostanza). In tal caso si parlerebbe di dipendenze comportamentali da *reward* (o gratificazione), risolvendo la questione già avanzata da alcuni studiosi per le forme di cyber-dipendenza, intese come delle vere e proprie dipendenze o forme di autogratificazione.

In uno dei report del gruppo di lavoro degli studiosi deputati alla classificazione del DSM-V, possiamo, inoltre, leggere come essi si siano soffermati sul fatto che il termine "dipendenza" sia fuorviante, perché va spesso confuso con la dipendenza da sostanze. Charles O'Brien (2010), presidente del team di lavoro del Disturbi Correlati a Sostanze sostiene "*...d'altra parte, la dipendenza è un comportamento compulsivo di ricerca della droga che è molto diverso dalla semplice ricerca di gratificazione. Ci auguriamo che questa nuova classificazione aiuterà a porre fine a questa diffusa incomprensione*".

O'Brien ha anche spiegato il ragionamento del gruppo di lavoro che sottende alla definizione della nuova categoria di *dipendenza comportamentale*: "*C'è una ricerca sostanziale che sostiene la posizione che le patologie da gioco d'azzardo e i disturbi da uso di sostanze, siano molto simili nel modo in cui influenzano il cervello e il sistema di ricompensa neurologico. Entrambi sono legati a uno scarso controllo degli impulsi e del sistema di gestione della ricompensa del cervello*".

In linea con quanto detto, sembrerebbe che, ad oggi, la denominazione più adatta per determinate dipendenze comportamentali sarebbe quella di "uso patologico", come viene spesso proposto per la dipendenza da internet, per la quale secondo diversi studiosi sarebbe più appropriato riferirsi con l'espressione *Pathological Internet Use* (PIU) o *Internet Related Psychopathology* (IRP). D'altro canto, però, l'esperienza clinica confermerebbe la fondatezza dell'utilizzo del termine "dipendenza" in riferimento all'uso intensivo e ripetitivo, al bisogno coatto di ripetere l'esperienza, ai segni di dipendenza psicologica, alla comparsa dei fenomeni di *craving* e alle ripercussioni in ambito socio-lavorativo che mettono in evidenza, appunto, il carattere tossicomanico delle diverse forme di dipendenze comportamentali.

La valutazione psicodiagnostica delle *news addictions* è resa difficile, oltre che dall'assenza nel DSM di criteri diagnostici ufficiali, anche dall'esiguo numero di strumenti psicometrici validati statisticamente e dalla concomitanza di altri disturbi di pertinenza psichiatrica (comorbilità con disturbi dell'umore, disturbi d'ansia, disturbi di personalità) e/o la co-presenza di più forme di dipendenza. (Cacace, Valsavoia 2008)

La valutazione diagnostica prevede, dunque, oltre all'indispensabile colloquio clinico e a un'esaustiva raccolta anamnestica, l'utilizzo di batterie test che consentano di effettuare una valutazione precisa della personalità del soggetto.

Sappiamo bene che esistono test specifici per l'analisi delle dimensioni personologiche (MMPI-2, TAS-20, DES, ecc.), e test specifici per le differenti forme di *addiction*. Negli ultimi anni, infatti, un filone di ricerca suggerisce di considerare le condotte d'abuso e di dipendenza come derivanti dall'impiego rigido e massivo di meccanismi di difesa di tipo dissociativo per far fronte al deficit di regolazione degli affetti (alessitimia) e, tra gli strumenti impiegati per valutare la tendenza dell'individuo a sperimentare esperienze di tipo dissociativo, vi è la *Dissociative Experience Scale (DES [11]*, mentre tra quelli principalmente utilizzati per la valutazione del grado di alessitimia ritroviamo la *Toronto Alexithymia Scale (TAS-20)*[12]. La prima indaga l'utilizzo del meccanismo di difesa della dissociazione, intesa come *"mancanza della normale integrazione di pensieri, sentimenti ed esperienze nel flusso di coscienza e memoria"*. Si compone di 28 item che descrivono esperienze dissociative (sentimenti di depersonalizzazione e di derealizzazione, déjà vu, disturbi cognitivi, di memoria e della coscienza) sulle quali il soggetto deve indicare se e con quale frequenza le ha sperimentate. La TAS-20, invece, è lo strumento in questo periodo più usato per la misurazione dell'alessitimia; è una scala self-report a 20 item che valuta la disregolazione affettiva attraverso tre dimensioni che ne definiscono il costrutto: 1) difficoltà nell'identificare le emozioni e nel distinguerle dalle sensazioni somatiche; 2) difficoltà nel comunicare emozioni e sentimenti; 3) pensiero orientato all'esterno.

Insieme alla dissociazione e all'alessitimia, numerosi

---

[11] **DES** è una scala di autovalutazione che misura il livello ed il tipo di esperienza dissociativa presente senza entrare nel merito della diagnosi. Le 28 domande che la compongono descrivono delle esperienze dissociative delle quali il soggetto deve indicare la frequenza con cui le ha sperimentate. Nella versione originale la DES utilizza una valutazione analogica: su una linea di 100 mm, il soggetto mette una crocetta sul punto che indica la frequenza con cui ha avuto quell'esperienza; esiste anche una seconda versione, la DESII (Carlson e Putnam, 1993), che usa una scala percentuale a 11 punti (dallo 0% al 100%) sulla quale il soggetto indica il punteggio percentuale che meglio corrisponde alla sua esperienza. Il punteggio della scala è dato dalla somma dei punteggi dei singoli item diviso per il numero degli item (28) e può andare, perciò, da 0 a 100: punteggi inferiori a 20 sono di frequente riscontro nei controlli sani ed anche in pazienti psichiatrici in generale, punteggi superiori a 30 sono associati, in genere, ad una diagnosi di DD secondo il DSM-IV (od anche di DPTS).

[12] **TAS-20**: una scala psicometrica di autovalutazione a 20 domande (item), creata nel 1985 (come TAS-26, con 26 item) e revisionata poi nel 1992 (con riduzione a 20 item), per identificare la presenza delle tre caratteristiche ritenute alla base del disturbo:la difficoltà nell'identificare i sentimenti; la difficoltà nel descrivere i sentimenti altrui; il pensiero orientato quasi solo all'esterno, e raramente verso i propri stessi processi endopsichici.

studi suggeriscono l'esistenza di altre dimensioni psicologiche correlate all'insorgenza di comportamenti additivi.

Studi in campo biologico, inoltre, hanno rilevato un'associazione tra *sensation-seeking-behaviour* e recettore D4[13] per la dopamina, il che farebbe supporre, da una parte, il carattere costituzionale del tratto da un punto di vista neurofisiologico, dall'altra la correlazione tra *sensation-seeking* e sistema dopaminergico della gratificazione.

"La dimensione personologica novelty-seeking di Cloninger, analoga al sensation-seeking-behaviour di Zuckermann, appare correlata con il livello di attività del sistema dopaminergico. Tali studi, sebbene maggiormente condotti su una popolazione di soggetti con disturbo di GAP (anche se non mancano in letteratura ricerche sull'Internet Addiction e altre forme di dipendenza comportamentale30), confermerebbero che i tratti "ricerca della novità" e "impulsività" rappresentano importanti predittori dello sviluppo di condotte additive. Alla luce di ciò, trova utilità l'impiego di test quali la Sensation Seeking Scale (SSS) e la Barratt Impulsiveness Rating Scale (BIS-11)" (Cacace 2008).

La SSS è uno strumento standardizzato che valuta il tratto di personalità *sensation seeking*, sia di comportamenti messi già in atto dalla persona

---

[13] **RECETTORI D4:** I recettori della dopamina (DR) sono metabotropici, a localizzazione sia post- che presinaptica, suddivisi in cinque tipi, denominati D1-D5.I DR suscitano oggi un notevole interesse dal punto di vista psichiatrico. Queste molecole sono molto diffuse nelle strutture profonde del telencefalo, i gangli della base e lo striato, formato da putamen e nucleo caudato, i quali ricevono afferenze dai neuroni dopaminergici della substantia nigra mesencefalica che controllano la coordinazione motoria. Dai gangli della base, circuiti dopaminergici innervano la corteccia prefrontale e il sistema limbico, in un complesso che riverbera informazioni e regola non solo la motricità ma anche funzioni cognitive e motivazionali. Il blocco dei recettori dopaminergici con farmaci neurolettici si è rivelato efficace nel trattamento di patologie psichiatriche e disturbi d'ansia, compreso il disturbo ossessivo-compulsivo.

(esperienze), che di incli- nazioni rispetto al futuro (intenzioni). La BIS-11 è, invece, il questionario più usato per la valutazione dell'impulsività e delle sue componenti.

Lo *Shortes PROMIS Questionnaire* (SPQ) valuta, sia le classiche forme di dipendenza da sostanza (alcol, droga, tabacco, ecc.), sia le nuove dipendenze comportamentali (gioco d'azzardo, shopping, ecc.). La sua versione italiana è composta da 19 scale di 10 item ciascuna, le risposte sono distribuite su scala Likert a 5 punti. Le scale valutano comportamenti e atteggiamenti riguardanti alcol, nicotina, droghe, gioco d'azzardo, sesso, caffeina, cibo, esercizio fisico, internet, cellulare, videogames, relazioni.

Vittorio Lingiardi, non interessandosi particolarmente a problemi di categorizzazione da un punto di vista diagnostico, nei suoi saggi sulle dipendenze relazionali preferisce parlare di disturbo dipendente di personalità. L'autore si riferisce con questo termine a tutti quei soggetti che sono incapaci di prendere decisioni in modo autonomo e di assumersi responsabilità, in particolar modo, egli sostiene che questi pazienti non riescono a funzionare socialmente senza che qualcuno si prenda cura di loro. Capita spesso, infatti, che i soggetti affetti da disturbo dipendente di personalità preferiscano affidare al proprio compagno, ai genitori, ai superiori agli amici, tutta la loro vita, quasi come se fossero alla ricerca di qualcuno che li guidi, che gli dia forza e competenza. Riferendosi alle pazienti, poi, le descrive come schive e inibite quando sono sole e indifese, come persone che vivono nel terrore di essere abbandonate e, letteralmente, sconvolte quando qualche relazione finisce. Secondo questa prospettiva Lingiardi sostiene che per ottenere il bisogno di sicurezza e, di conseguenza, anche il vantaggio relazionale, la persona dipendente arriva addirittura a sottomettersi al controllo e al potere dell'altro e, pur di non essere sola, preferisce essere mal accompagnata. Il soggetto dipendente, quindi, cercando solo e solamente nelle fonti esterne le gratificazioni, diventa vulnerabile a tutti desideri e agli umori degli altri. Il paradosso di questa configurazione sta nel fatto che, finché il paziente dipendente riesce a mantenere la relazione di dipendenza da cui trae forza, conduce una vita apparentemente equilibrata ma, nel momento in cui questa relazione si interrompe per qualsiasi motivo, può sviluppare delle vere proprie manifestazioni patologiche che, spesso, richiedono un intervento psichiatrico. Tra i vari tratti che contraddistinguono il soggetto con disturbo dipendente di personalità, possono annoverarsi: la tendenza a smussare qualsiasi tipo di conflitto che possa minare la relazione; la repressione di qualsiasi impulso ostile verso il partner e la coesistenza tra la svalutazione del sé e legalizzazione dell'altro. L'esperienza clinica, inoltre, ci fa notare come la genesi di questi tratti patologici sia più frequente all'interno di nuclei familiari dove sono presenti figure altamente controllanti, inattendibili, intrusive. In questi sistemi passa la comunicazione che l'indipendenza sia piena di pericoli, e che crescita e differenziazione equivalgono al tradimento dei genitori. Crescere in questo tipo di ambienti familiare fa nascere l'idea che essere dipendenti diviene l'unico modo di mantenere il legame, di crescere e di individuarsi, senza mai perdere l'amore. Per sintetizzare questa disamina potremmo dire che la dipendenza affettiva è una condizione patologica che rientra tra le dipendenze comportamentali, note anche come "nuove dipendenze", in quanto non coinvolgono l'uso di sostanze chimiche. Viene spesso definita anche come dipendenza amorosa o dipendenza emotiva, e si caratterizza per un bisogno ossessivo della presenza dell'altro, che diventa indispensabile per il soggetto dipendente, accompagnato da una ricorrente paura dell'abbandono. Sebbene nella società comportamenti legati all'amore siano generalmente considerati normali o addirittura virtuosi, in alcuni casi possono trasformarsi in una forma disfunzionale di attaccamento che compromette profondamente la vita del soggetto e delle persone vicine.

Dal punto di vista storico, la dipendenza affettiva ha iniziato a comparire nella letteratura scientifica nella metà degli anni Ottanta. Tuttavia, l'interesse scientifico vero e proprio per questo fenomeno si è sviluppato soltanto negli ultimi dieci anni. Nonostante il crescente riconoscimento clinico, la dipendenza affettiva non è ancora formalmente inclusa nelle principali classificazioni diagnostiche, come il Manuale Diagnostico e Statistico dei Disturbi Mentali (DSM-5). Nel 2013, con l'introduzione dei "disturbi non correlati a sostanze" nel DSM-5, si è però aperta la strada per riconoscere e concettualizzare le dipendenze comportamentali, di cui la dipendenza affettiva potrebbe far parte.

A livello comportamentale, la dipendenza affettiva si manifesta come una relazione nella quale il partner diventa il centro assoluto della vita del soggetto dipendente. Quest'ultimo mostra una serie di comportamenti disfunzionali, come la costante paura di essere abbandonato, il bisogno incessante di rassicurazioni e l'annullamento della propria autonomia per mantenere la relazione. La condizione è particolarmente pericolosa perché può condurre a livelli estremi di sofferenza, fino a sfociare in abusi fisici e psicologici. Una delle caratteristiche più problematiche della dipendenza affettiva è l'incapacità del soggetto di lasciare il partner, anche in presenza di situazioni abusanti o altamente disfunzionali. Questo comportamento differisce in modo netto dalle dinamiche delle relazioni sane, dove la cura per il partner è equilibrata e non interferisce con la propria salute psicofisica, né con le relazioni sociali e familiari.

Un elemento interessante della dipendenza affettiva riguarda le **differenze di genere** nelle modalità con cui uomini e donne la vivono e reagiscono ad essa. Le donne tendono a interiorizzare maggiormente il dolore amoroso, ruminando costantemente su ciò che è accaduto, con l'idea di poter in qualche modo controllare o modificare la situazione. Questo porta spesso a una chiusura in sé stesse e a una profonda sofferenza emotiva. Gli uomini, al contrario, tendono a rimuovere mentalmente i ricordi dolorosi, distaccandosi emotivamente dal problema e dedicandosi ad altro. Tuttavia, in molti casi, questo distacco porta a comportamenti compensatori, come il ricorso a sostanze esterne come alcol e droghe, che possono sfociare in ulteriori problematiche psicologiche e fisiche. Queste differenze di genere evidenziano modalità diverse di elaborazione del dolore e dell'attaccamento, ma entrambe rivelano quanto possa essere pervasiva e invalidante la dipendenza affettiva.

Nonostante l'evidente gravità di questa condizione, la sua diagnosi è ancora oggi complessa. Questo perché mancano studi teorici sufficienti e non esistono criteri diagnostici ufficiali per identificarla con precisione. Sebbene siano stati fatti numerosi parallelismi tra la dipendenza affettiva e la dipendenza da sostanze, soprattutto per quanto riguarda la natura ossessiva e la difficoltà a distaccarsi dall'oggetto della dipendenza, il quadro diagnostico rimane incompleto. Una delle caratteristiche principali di questa condizione è proprio la similitudine con i disturbi da uso di sostanze: il dipendente affettivo, infatti, tende a trascorrere tutto il proprio tempo concentrandosi sulla relazione, isolandosi progressivamente dal resto del mondo. Le relazioni sociali, familiari e lavorative vengono abbandonate, così come gli interessi personali e gli hobby, in favore di un'attenzione totale e ossessiva per il partner.

Sul piano psicologico, la dipendenza affettiva è spesso accompagnata da attaccamento insicuro, una forma di relazione in cui il soggetto ha paura costante di perdere l'altro, e da una bassa autostima, che porta il soggetto a sentirsi poco meritevole di amore e accettazione. Inoltre, vi è un forte bisogno di controllo, non solo sulla relazione, ma anche sul comportamento del partner, nel tentativo di evitare il temuto abbandono. Questo crea un circolo vizioso in cui il soggetto dipendente, nonostante la sofferenza causata dalla relazione, non riesce a staccarsi da essa.

In conclusione, la dipendenza affettiva è una condizione comportamentale che richiede maggiore attenzione da parte della comunità scientifica. Nonostante sia ancora poco studiata e non formalmente riconosciuta, rappresenta una sfida significativa sia a livello clinico che sociale. La sofferenza vissuta dalle persone che ne sono affette è profonda, e spesso si estende a coloro che le circondano. La consapevolezza crescente di questa condizione e il tentativo di includerla nel quadro delle dipendenze comportamentali sono passi importanti verso una sua comprensione più ampia. Tuttavia, resta molto da fare per definire criteri diagnostici efficaci e sviluppare trattamenti adeguati, che possano offrire supporto a coloro che ne soffrono e spezzare il ciclo disfunzionale che caratterizza questa forma di dipendenza. Nel capitolo successivo analizzaremo come i protocolli basati sulla mentalizzazione possano identificarti come una modera opportunità terapeutica, sebbene ad oggi la ricerca scientifica non abbia prodotto ancora modelli validati. Rispetto alla riflessione che abbiamo condotto finora sui problemi diagnostici delle dipendenze potremmo comunque incominciare ad asserire che, aldilà degli apparati nosografici e delle tipizzazioni, il clinico dovrebbe essere interessato al modo in cui il soggetto risponde all'ambiente, da un punto di vista cognitivo, affettivo, comportamentale e motivazionale.

6. DIPENDENZA AFFETTIVA E MENTALIZZAZIONE

Sebbene non scientificamente dimostrato, emerge dalla pratica clinica l'esistenza un profondo legame tra dipendenza affettiva e mentalizzazione, una connessione che incide non solo sulla qualità delle relazioni ma anche sul benessere emotivo e psicologico dell'individuo. La mentalizzazione, un concetto centrale nella psicoanalisi contemporanea, è stata teorizzata dallo psicoanalista Peter Fonagy ed è definita come la capacità di comprendere e riflettere sugli stati mentali propri e altrui, ossia i pensieri, le emozioni, i desideri, le credenze e le intenzioni che guidano il comportamento umano. Questa abilità consente di interpretare in maniera accurata sia le proprie esperienze interiori che quelle degli altri, giocando un ruolo cruciale nello sviluppo di relazioni sane e funzionali.

La mentalizzazione si sviluppa durante l'infanzia attraverso le interazioni con i caregiver, in particolare grazie alla loro capacità di rispecchiare e rispondere in modo adeguato alle emozioni del bambino, e contribuisce a formare una base solida per le relazioni future. Quando questa capacità è compromessa o non si sviluppa adeguatamente, si possono manifestare una serie di difficoltà relazionali, tra cui la dipendenza affettiva.

La dipendenza affettiva, se considerata come una condizione caratterizzata da una necessità patologica di ricevere amore, approvazione e vicinanza da un partner o da figure significative, con una paura pervasiva dell'abbandono e della solitudine, sembra proprio correlare con le caratteristiche di un deficit da mentalizzazione. Le persone che soffrono di dipendenza affettiva tendono a svalutare sé stesse, ritenendosi incapaci o indegne di amore, mentre sovravalutano l'altro, vedendolo come essenziale per il proprio benessere emotivo e per il mantenimento della propria stabilità psicologica. Questo squilibrio rende difficile per l'individuo dipendente mantenere relazioni equilibrate e reciprocamente soddisfacenti, poiché è costantemente guidato dal bisogno di rassicurazione, dalla paura dell'abbandono e dal desiderio di evitare la solitudine a tutti i costi. Questo bisogno incessante di conferme è spesso amplificato dalla scarsa capacità di mentalizzare le dinamiche relazionali.

Quando una persona ha difficoltà a mentalizzare, cioè a comprendere i propri stati mentali e quelli altrui in modo chiaro e realistico, si instaurano una serie di dinamiche problematiche nelle relazioni. La difficoltà nel riflettere sugli stati interni porta a percezioni distorte del sé e dell'altro, contribuendo a una visione squilibrata della relazione. Nel caso della dipendenza affettiva, questa distorsione si manifesta attraverso una svalutazione costante di sé e una iper-valutazione dell'altro, creando un ciclo di dipendenza emotiva in cui l'individuo percepisce di non poter esistere senza il supporto costante del partner. Non riuscendo a mentalizzare in modo efficace, la persona dipendente può interpretare qualsiasi segnale di distanza, reale o percepito, come un rifiuto o un segno di abbandono imminente. Questa distorsione percettiva genera un costante stato di ansia e paura, spingendo l'individuo a mettere in atto comportamenti eccessivi per evitare il distacco emotivo.

La paura dell'abbandono diventa una delle

caratteristiche centrali nella vita di chi soffre di dipendenza affettiva. Ogni minima variazione nella disponibilità emotiva del partner viene letta come una potenziale minaccia al legame, portando a interpretazioni errate e reazioni sproporzionate rispetto alla realtà. Questa incapacità di distinguere i reali comportamenti dell'altro da ciò che la persona teme e percepisce è direttamente legata a una bassa capacità di mentalizzare le intenzioni e i comportamenti dell'altro. In pratica, la persona dipendente ha difficoltà a vedere il partner come un individuo autonomo, con bisogni e stati mentali propri, il che porta a una visione rigida e catastrofica della relazione, in cui il rischio di abbandono è sempre dietro l'angolo.

Un altro aspetto centrale della connessione tra dipendenza affettiva e mentalizzazione è la regolazione delle emozioni. La mentalizzazione svolge un ruolo fondamentale nella capacità di gestire e regolare le proprie emozioni in modo autonomo e sano. Nelle persone con dipendenza affettiva, questa abilità è spesso compromessa, e l'individuo non è in grado di riflettere adeguatamente sui propri stati emotivi o di regolarli in modo indipendente. Al contrario, cerca costantemente rassicurazione dall'esterno, in particolare dal partner, per sentirsi emotivamente stabile. Questo fa sì che le emozioni negative, come la paura dell'abbandono o la gelosia, diventino ingestibili senza il continuo sostegno dell'altro. La persona dipendente non è capace di autoregolarsi, e ciò porta a un'escalation di comportamenti disfunzionali, come l'ansia patologica, la gelosia eccessiva, o la necessità di controllo costante sulla relazione e sul partner.

Questa incapacità di mentalizzare e regolare le emozioni

porta spesso a comportamenti impulsivi e reazioni estreme. Quando una persona affettivamente dipendente percepisce una minaccia, anche minima, alla stabilità del legame, può reagire con azioni impulsive come cercare di controllare il partner, esprimere gelosia in modo patologico, o mettere in atto comportamenti estremi per mantenere il legame. Questi comportamenti sono il risultato di una difficoltà a comprendere e gestire i propri stati emotivi e quelli dell'altro. Non essendo in grado di riflettere in modo chiaro su ciò che sta accadendo nella relazione, la persona dipendente può agire in modo disfunzionale, creando ulteriori tensioni nel rapporto e alimentando così il ciclo di dipendenza. Per affrontare queste difficoltà relazionali e migliorare la capacità di mentalizzazione, un approccio terapeutico efficace è la *Mentalization-Based Treatment (MBT)*, un intervento clinico sviluppato specificamente per aiutare le persone con problemi di regolazione emotiva e difficoltà a mentalizzare. L'MBT si basa sull'idea che migliorare la capacità di comprendere i propri stati mentali e quelli degli altri possa ridurre i comportamenti disfunzionali e promuovere relazioni più equilibrate. L'obiettivo principale di questa terapia è aiutare l'individuo a sviluppare una maggiore consapevolezza di sé, riconoscendo e interpretando correttamente i propri pensieri ed emozioni e comprendendo come questi influenzino i comportamenti all'interno delle relazioni. Attraverso l'MBT, le persone affettivamente dipendenti imparano a promuovere l'autonomia emotiva, riducendo la necessità di dipendere dall'altro per sentirsi sicuri, e sviluppano una maggiore capacità di percepire le intenzioni e le emozioni del partner in modo realistico e non distorto. Questo aiuta a diminuire la paura dell'abbandono e a ridurre le reazioni eccessive e impulsive che caratterizzano la dipendenza affettiva. Sebbene la Mentalization-Based Treatment (MBT), o Trattamento basato sulla Mentalizzazione, sia una forma di psicoterapia sviluppata per aiutare le persone a migliorare la loro capacità di comprendere e interpretare gli stati mentali propri e altrui, cioè la "mentalizzazione" e si sia rilevata particolarmente indicata per persone con disturbi della personalità, come il disturbo borderline, il fatto che il trattamenti si concentri sulle relazioni interpersonali e sulla regolazione emotiva, le rende molto efficace per i pazienti che sperimentano una condizione di dipendenza affettiva.

Le caratteristiche di questo trattamento sono le seguenti:

Mentalizzazione: È il processo attraverso cui una persona riflette sui propri **pensieri, emozioni e comportamenti**, così come su quelli altrui, per comprendere le motivazioni che li guidano.

Focalizzazione sui legami interpersonali: L'MBT mira a migliorare le **relazioni sociali e interpersonali**, aiutando le persone a comprendere meglio come le proprie emozioni e azioni influenzano gli altri.

Regolazione emotiva: Attraverso la mentalizzazione, il paziente sviluppa una **maggiore capacità di regolare le proprie emozioni**, riducendo le reazioni impulsive e migliorando il controllo emotivo.

Orientato alla pratica clinica: Il protocollo viene utilizzato in contesti terapeutici e richiede la **partecipazione attiva del terapeuta nel processo**

di esplorazione degli stati mentali del paziente, aiutandolo a sviluppare questa capacità in modo collaborativo.

Obiettivo del trattamento: L'obiettivo è migliorare la capacità di mentalizzazione, **ridurre i sintomi di disfunzione emotiva e sociale** e prevenire episodi di crisi che possono portare a comportamenti dannosi.

La relazione tra attaccamento e mentalizzazione è fondamentale per comprendere la dipendenza affettiva. Il paziente è spesso caratterizzato da una disorganizzazione del sistema di attaccamento, che si manifesta in una difficoltà a stabilire e mantenere relazioni sicure e stabili. Questo disordine nelle dinamiche dell'attaccamento ha un impatto diretto sulla capacità di mentalizzazione, ovvero sulla capacità di comprendere e interpretare i pensieri, le emozioni e le intenzioni proprie e altrui. Nella pratica clinica si nota chiaramente che la capacità di mentalizzare è compromessa in contesti relazionali significativi e, quando si attivano emozioni intense, specialmente in situazioni che coinvolgono relazioni interpersonali strette, l'abilità di riflettere sui propri stati mentali e quelli altrui viene meno. Ciò è legato a un fenomeno descritto come "ipersensibilità" del sistema di attaccamento, in cui l'attivazione emotiva è talmente elevata da inibire il processo di mentalizzazione. In pratica, quando le emozioni sono troppo intense, i pazienti non riescono a mantenere quella distanza mentale necessaria per comprendere se stessi e gli altri in modo accurato e flessibile. Fonagy e Bateman hanno approfondito i meccanismi alla base di questo fenomeno, evidenziando come la disfunzione nell'attaccamento crei una vulnerabilità alla disregolazione emotiva. Questo impedisce ai pazienti di accedere alle loro capacità di mentalizzazione proprio nei momenti in cui ne avrebbero più bisogno, come nelle interazioni che coinvolgono emozioni complesse o conflitti relazionali. Nella Terapia Basata sulla Mentalizzazione (MBT), il ruolo del terapeuta è fondamentale nel promuovere e rafforzare la capacità del paziente di mentalizzare, ovvero di comprendere e riflettere sugli stati mentali propri e altrui, soprattutto in contesti emotivamente intensi. Questo aspetto è particolarmente rilevante per pazienti che mostrano difficoltà di regolazione emotiva, come quelli affetti da disturbi di personalità, in particolare il disturbo borderline di personalità.

Il terapeuta, attraverso la relazione terapeutica, cerca di attivare il sistema di attaccamento del paziente, creando un legame sicuro e comprensivo. Questa attivazione è cruciale, poiché molte difficoltà nella mentalizzazione emergono nelle relazioni interpersonali sotto stress. Tuttavia, il terapeuta deve modulare attentamente il livello di attivazione emotiva. L'obiettivo non è suscitare una reazione emotiva eccessiva che potrebbe compromettere la capacità del paziente di riflettere sugli stati mentali, ma mantenere un equilibrio che permetta una riflessione consapevole senza essere sopraffatti dalle emozioni. Un'attivazione emotiva troppo intensa potrebbe infatti ridurre la capacità di mentalizzare, portando a risposte impulsive o disfunzionali. Durante le sedute, il terapeuta si focalizza sul presente, aiutando il paziente a esplorare e comprendere le proprie reazioni emotive in tempo reale, specialmente all'interno della relazione terapeutica. Questo approccio consente di identificare schemi di pensiero distorti o difensivi, favorendo un processo di riflessione più equilibrato. La relazione con il terapeuta diventa così una base sicura da cui il paziente può esplorare gradualmente emozioni difficili, con un sostegno costante e mirato a sviluppare una migliore comprensione dei processi mentali, sia propri che altrui, soprattutto in situazioni di attaccamento che potrebbero riattivare vecchi schemi disfunzionali. Il terapeuta si impegna ad aiutare la paziente a identificare e comprendere i modelli di comportamento impulsivo e autodistruttivo che spesso emergono dalla tendenza a cercare gratificazioni a breve termine. Questi comportamenti, come il bisogno impellente di ottenere attenzione o approvazione in una relazione, sono segnali di una difficoltà più profonda nella gestione delle emozioni e delle aspettative. Il desiderio immediato di rassicurazione o vicinanza, anche quando non è realmente benefico o costruttivo, può portare la paziente a fare scelte che, nel breve termine, sembrano rispondere a un bisogno urgente, ma nel lungo periodo finiscono per danneggiare il suo benessere emotivo e relazionale. Attraverso un dialogo strutturato, fatto di domande aperte e riflessioni guidate, il terapeuta accompagna il paziente nell'esplorazione delle conseguenze più durature delle sue azioni. L'obiettivo è portarlo a considerare non solo l'immediato sollievo o gratificazione che ottiene con comportamenti impulsivi, ma anche le ripercussioni che tali scelte hanno sulla sua vita nel lungo periodo. Questo processo di esplorazione permette al paziente di sviluppare una maggiore consapevolezza di come le sue azioni siano spesso guidate da un bisogno di gratificazione immediata, senza una riflessione profonda sulle conseguenze future. In tal modo, si lavora per far acquisire maggiore chiarezza su ciò che la spinge a cercare conforto immediato attraverso dinamiche relazionali disfunzionali o atti di autolesionismo.

Il compito del terapeuta è anche quello di favorire un percorso di crescita nella capacità del paziente di regolare le proprie emozioni. Questo viene fatto, in particolare, fornendo gli strumenti per affrontare situazioni emotivamente cariche senza ricorrere a risposte impulsive o autodistruttive.

L'obiettivo finale è proprio quello di promuovere scelte più ponderate e bilanciate, aiutandolo a sviluppare strategie alternative per gestire il disagio emotivo, migliorando così la qualità della sua vita e delle sue relazioni. Il terapeuta lavora in stretta sinergia con il paziente, incoraggiandolo a esplorare modalità più salutari di interazione e a costruire una base più solida di autocontrollo e autoregolazione emotiva, che le permetta di affrontare le sfide quotidiane senza cadere nella trappola della gratificazione immediata e delle sue conseguenze negative.

7. IL PROTOCOLLO PER LA DIAGNOSI DELLE COPPIE CO-DIPENDENTI

Contestualmente alla diffusione delle nuove dipendenze, si sono sviluppati in Italia e nel resto d'Europa differenti gruppi di ricerca nell'ambito delle dipendenze affettive e delle co-dipendenze, incuriositi ed interessati dai particolari incastri relazionali di questo tipo di assetto patologico.

In Italia uno dei gruppi più attivi sul tema della dipendenza affettiva e della co-dipendenza è quello dell'Istituto di Medicina e Psicologia Sistemica di Napoli che, attivo dal 2005, conduce studi e ricerche in questo specifico settore. Il gruppo di ricerca muove da un'ipotesi di natura evoluzionistica e ritiene che i comportamenti di dipendenza trovino un significato all'interno di quella tensione ipertrofica della mente bi-personale della coppia e per la quale la diade tende sempre di più a una polarizzazione funsionale.

Il gruppo di ricerca napoletano, consapevole delle lacune in letteratura, tanto da un punto di vista sia diagnostico, quanto da quello della categorizzazione nosografica, percepisce l'esigenza di provare a creare un protocollo diagnostico per tutte quelle situazioni "difficili" in cui sia possibile andare a indagare sul funzionamento della coppia per ottenere un'immagine relazionale della stessa. La volontà di abbandonare una diagnosi individuale, inoltre, per concentrarsi su un assetto di coppia utile a cogliere l'assoluto della diade in maniera categorizzabile e quantificabile, è stato un punto di svolta a livello scientifico.

I clinici impegnati nella ricerca, in più, hanno ristretto

e purificato il campo di indagine rispetto alle ricerche precedenti, basando il loro lavoro su un concetto di co-dipendenza definito come forma di dipendenza affettiva nella quale uno dei due partner è affetto da una dipendenza patologica da sostanza come alcolismo, ad esempio, e l'altro partner, invece, fa di questi comportamenti sintomatici il fulcro della propria vita, con conseguente misconoscimento dei propri bisogni, e fino ad adottare comportamenti chiaramente autodistruttivi.

Il co-dipendente, quindi, viene inquadrato al gruppo IMePS, come colui che permette al comportamento dell'altro di influenzarlo in modo pervasivo e, al contempo, è ossessionato dal desiderio di controllarlo.

Il campione di soggetti introdotto nello studio è stato selezionato sia in ambito pubblico, in particolare nel SERT, che in ambito privato, selezionando partner di pazienti che aderissero al profilo appena descritto, per un totale di 41 soggetti con a carico un partner tossicodipendente. Il 78% del campione è rappresentato da donne (la maggiore percentuale di donne non rappresenta alcuna sorpresa, infatti, ricalca l'immagine stereotipata di una moglie sofferente che accompagna il proprio partner in una struttura pubblica alla ricerca di una miracolosa terapia). Il 7% è rappresentato da coppie omosessuali le cui dinamiche di coppia, evidentemente, non si discordano da quelle eterosessuali. Il campione, inoltre, ha una media di 36 anni ed è largamente rappresentato da soggetti coniugati o conviventi con un basso livello di istruzione.

Il 44% è risultato essere partner di tossicomani, il 32% partner di un alcolista e il 17% un partner inquadrato con doppia diagnosi.

Tutto il campione, in prima battuta, è stato valutato secondo i criteri proposti da Paolo Rigliano (2004) sulle dipendenze:

1. *Circolari costrittiva*: intesa come obbligo di muoversi incessantemente dentro un circuito prefissato. Il soggetto ha costruito una propria forma mentale come se fosse un binario che si avvita continuamente su se stesso.

2. *Discontrollo*: inteso come rinuncia ad esercitare un controllo su sé stesso. Il soggetto vive nell'incertezza, nell'insicurezza e nella sconfitta. La sofferenza prodotta da questo tipo di atteggiamento, mista ai tentativi di un superamento innesca le sfide, la sperimentazione degli estremi, la sottovalutazione dei rischi e dei danni che ne conseguono, riportando il soggetto a ritrovare il vuoto depressivo.

3. *Fenomenologia assistenziale*: intesa come il disagio psicologico provocato dall'assenza dell'oggetto o da una protratta lontananza che induce l'individuo a colmare questo senso di vuoto.

4. *Impermeabilità*: il soggetto è chiuso nella struttura dipendenziale, come in una corazza che lo isola da tutti contesti relazionali.

5. *Polarizzazione autoindotta*: si innesca un meccanismo di estremizzazione tutto/nulla, il soggetto è così indotto ad assumere posizioni esistenziali opposte ed estreme.

La ricerca condotta dal gruppo napoletano è stata principalmente di tipo diagnostico, quindi, volta ad appurare se i partner di pazienti con dipendenze patologiche organizzino in modo isomorfico la propria mappa relazionale ed il personale stile cognitivo-emotivo in termini di dipendenziali. Questi due concetti sono stati operazione realizzati attraverso l'espressione di due indicatori principali:

Per determinare la mappa relazionale del soggetto è stato utilizzato il *Family Life Space*[14], che ha permesso agli studiosi di poter ricavare peculiari forme di governo dello spazio vitale. In particolare, si è ipotizzato che all'interno delle coppie co-dipendenti sia possibile determinare due forme dello spazio:

1. *Effetto tunnel*: prevede un'occupazione dello spazio a disposizione sul foglio del test molto limitata, connotata però da grandi distanze tra i membri rappresentanti con un numero particolarmente povero di elementi e con una buona dose di conflittualità e triangolazioni. Questa forma di governo dello spazio descrive la classica percezione del "dipendente" che focalizza tutta la sua vita sull'oggetto delle sue brame, creando una relazione connotata da una

---

[14] **Il Family Life Space** è uno strumento interattivo finalizzato ad indagare le relazioni familiari. Esso consente di entrare nel vivo dell'azione familiare attraverso la realizzazione di un compito grafico congiunto. L'analisi metrica qui proposta è una procedura di codifica e di traduzione in valori metrici delle informazioni grafico-simboliche prodotte attraverso il FLS, che consente, attraverso uno specifico software costruito ad hoc, di elaborare quantitativamente i dati raccolti utilizzando appositi algoritmi geometrici e statistici. Ne risulta una procedura formalizzata ed automatica di descrizione e di analisi del disegno che consente di organizzare in modo sistematico e controllato tutte le informazioni prodotte dai familiari attraverso il compito congiunto, garantendo così una prima lettura "spregiudicata" e completa di tutti gli elementi disponibili, in modo da sottrarre la prima fase di analisi ai più comuni bias di carattere percettivo e cognitivo che caratterizzano ogni processo destrutturato di decodifica delle informazioni.

persistente *escalation* simmetrica. Si assiste, nel test, ad un assottigliamento progressivo delle sue relazioni interpersonali e, soprattutto, ad una conflittualità aspra con i familiari che sono coinvolti nel gioco relazionale.

2. *Funsionale*: con questa forma di governo si descrive invece una configurazione connotata da un numero cospicuo di membri, tutti rappresentanti concentrati in una piccola parte di spazio, il più delle volte addossati l'uno all'altro e annullando, quasi, le distanze interpersonali. Le relazioni che si evincono sono connotate da un massiccio emendamento del conflitto. A una prima analisi, questa forma di governo sembra disegnare una sorta di fitta ragnatela di supporto al soggetto e delinea uno stile di funzionamento fortemente invischiato.

Il concetto introdotto nella ricerca di "governo dello spazio" è di fondamentale importanza, poiché, la spazialità è da considerarsi come una dimensione fondamentale del funzionamento dei sistemi, essa è connessa intimamente all'identità organizzativa della famiglia. In particolare, la spazialità appare essenziale nel campo delle dipendenze dove, tanto la vicinanza, quanto la lontananza, sono misura della problematicità risolta o irrisolta.

Per fare emergere, invece, lo specifico stile cognitivo ed emotivo dei soggetti, ovvero, per definire il peculiare profilo alissitimico, i ricercatori hanno fatto ricorso alla

Scala Alessitimica Romana[15]. Tale scala è stata scelta per misurare l'alta correlazione che precedenti studi avevano individuato tra casi di dipendenza patologica e alessitimia, e per verificare l'ipotesi che i pazienti co-dipendenti abbiano una scarsa competenza emotiva.

Tra le altre ipotesi che i ricercatori hanno voluto verificare attraverso questa scala, vi sono quelle volte ad individuare se i pazienti avessero un particolare profilo caratterizzato da:

1. alta espressione somatica delle mozioni;
2. alta difficoltà ad interpretare le proprie emozioni;
3. media difficoltà a comunicare agli altri le proprie emozioni;
4. alta propensione al pensiero orientato esternamente;
5. medio/alta capacità empatica;

Dai risultati delle ricerche è emerso che nel 44% dei casi la forma di governo era assimilabile ad un *quadro funsionale*, il 40%, invece, ha risposto ai requisiti dell'*effetto tunnel*. Nel 16% dei casi, bensì, la forma di governo non è stata assimilabile a nessuna delle due ipotizzate. Dal punto di vista del profilo cognitivo-emotivo non è emersa una correlazione significativa con il fattore alessitimia, infatti, soltanto un 44% del campione ha evidenziato un profilo alessitimico, quindi, un 56% delle partner prese in esame dallo studio ha una

---

[15] **La Scala Alessitimica Romana (SAR)** valuta l'alessitimia, ovvero l'incapacità di comunicare le proprie emozioni e di percepire quelle altrui. Nello specifico, si tratta di un costrutto multidimensionale caratterizzato dalle seguenti peculiarità: tendenza ad esprimere le proprie emozioni somaticamente, attraverso reazioni e disturbi a livello corporeo, difficoltà nel riconoscere le emozioni che si provano e nel comunicarle agli altri, pensiero orientato verso gli aspetti più pratici e non simbolici della realtà, difficoltà a mostrare empatia e a condividere gli altrui stati d'animo. Unica nel suo genere, la SAR, grazie alla sua velocità e facilità di somministrazione, può essere utilizzata anche dagli operatori non psicologi.

discreta competenza emotiva.

Le conclusioni a cui sono arrivati i ricercatori potrebbero portare ad abbandonare l'immagine stereotipata delle dipendenze, in sintesi, il team di ricerca ha individuato tre profili di queste coppie.

Il profilo funsionale: è stato quello che si è riscontrato maggiormente nei test e rappresenta quelle coppie la cui sofferenza si consuma in silenzio, apparentemente molto sbilanciate in termini emotivi. In questo profilo la donna si identifica in un copione sacrificale molto tradizionale, in genere, si potrebbe pensare che esso rappresenti il copione della madre. Con questo assetto entrambi i partner della coppia si uniscono per riparare e sopravvivere l'uno ai deficit dell'altro.

Il secondo profilo, invece, è quello più vicino a quanto delineato dall'ipotesi iniziali. Si tratta di coppie divorate dal vortice della passione, auto-distruttive ed etero distruttive, sono ben salve in una fantasia condivisa salvifica ed esclusiva. Sono coppie che, tra l'altro, da un punto di vista clinico, sono difficilmente trattabili ed hanno una scarsissima capacità di mentalizzare gli eventi.

Il terzo profilo corrisponde, bensì, a una piccola percentuale che i ricercatori definiscono *confusivo-esplosivo,* e con esse si identificano delle situazioni limite scarsamente rappresentative.

Il protocollo diagnostico proposto dalla ricerca appena descritta permette di ripensare alla coppia con partner dipendente in maniera totalmente diversa rispetto agli schemi tradizionali, seguendo un paradigma che va dall'*infant research,* al pensiero intersoggettivo, fino ai neuroni specchio. La chiave di lettura della dipendenza affettiva che si sviluppa nelle coppie co-dipendenti mette in luce come in esse si formi una mente peculiare e irripetibene, che nasce e cresce in una mente relazionale che assume la conformazione di una "bolla", utile a proteggere i due amanti, fusi nelle loro fantasie e in uno spazio fatto solo di "noi".

Gli autori della ricerca, infatti, fanno ricorso alle parole di Vittorio Gallese per spiegare questo spazio "noi-centrico", inteso come *"Sistema multiplo di Condivisione dell'Intersoggetività"*, ed è in questo spazio, ci dicono i ricercatori, che si trovano gli amori "folli". Questa nuova visione, in termini tecnici, permette all'operatore clinico di avere in mente un modello di funzionamento mentale della coppia basato sul "noi", che trascende dai due singoli partner. In quest'ottica la mente della coppia è un prodotto che cogliamo soprattutto in casi estremi, ossia, in quelle situazioni in cui non si riesce a capire dove finisce la follia dell'uno e dove inizia quella dell'altro.

8. AMBRA: UN CASO CLINICO

In questo capitolo esporrò un caso clinico che ho trattato in ambito privato. Questa è la storia di una paziente che esercita un controllo asfissiante sul proprio partner, come se vivesse in un "eterno noviziato" affettivo che, purtroppo, la soggioga a una continua ricerca di conferme d'amore da parte del compagno e a rassicurazioni in termini di fedeltà. La donna, inoltre, vive profondamente sola il suo dramma personale, senza supporto alcuno, né sul versante familiare, né su quello amicale.

Ho preferito descrivere, innanzitutto, il primo colloquio, partendo dall'invio, per poi arrivare ad una prima ipotesi diagnostica e ai vissuti interni che la paziente ha mosso dentro di me, con la volontà esplicita di mettere a nudo le difficoltà che un giovane terapeuta incontra quando si confronta con questo tipo di vissuti, così intrisi di tristezza ma, anche, estremamente coinvolgenti da un punto di vista empatico.

Un invio non colto:

Il lavoro che ho svolto presso il servizio di affido territoriale del Centro per la Famiglia dell'ambito Na8 mi metteva a contatto, giorno dopo giorno, con coppie e famiglie che chiedevano supporto psicologico poiché si trovavano ad affrontare eventi paranormativi del ciclo di vita, situazioni destabilizzanti per lo sviluppo dell'intera famiglia e, spesso, fortemente traumatiche per tutti i suoi membri. Ogni giorno entravo in storie familiari costituite da detenzione, affido giudiziario di un minore, divorzio o grave malattia di un componente della coppia genitoriale.

Tuttavia, il caso clinico che mi accingo a descrivervi esula da questo bouquet di problematiche, pur essendo in un certo senso legato a questo setting lavorativo.

L'invio risale al mese di Dicembre 2012, quando rivedevo una paziente che si era rivolta al Centro Famiglia del nostro ambito territoriale in seguito alla separazione dal marito. La signora aveva terminato il percorso di supporto psicologico impostole dai servizi sociali ed era venuta per l'ultimo incontro.

Al termine della seduta ci salutavamo affettuosamente, stabilendo che dopo due mesi ci saremmo rivisti per un incontro di follow-up (che nella terminologia della nostra struttura prende il nome più sterile di "monitoraggio") e sulla porta, all'atto della stretta di mano, la signora mi diceva di aver dato il mio numero di telefono a una sua conoscente, una dottoressa che ha avuto in cura i suoi anziani genitori per problematiche neurologiche. In quel preciso momento non davo molto peso alla cosa, considerandola come una semplice attestazione di fiducia, come uno dei tanti gesti della signora per pubblicizzare il nostro servizio sul territorio o un semplice tentativo di "fare rete" con professionisti che operano nella stessa città.

Dopo circa una settimana ricevo una telefonata nel primissimo pomeriggio. Una voce femminile adulta molto sofferente, tipica di chi sta piangendo, ma con una cadenza molto elegante mi dice: <<*Salve dottore, sono Ambra xxxx, ho avuto il suo numero dalla signora Maria, mi trovo nella condizione di doverle chiedere aiuto!*>>.

Inizialmente, restavo scosso da quella chiamata così concitata, di emergenza, poi chiedevo alla donna di spiegarmi meglio di cosa si trattasse. La voce di Ambra si schiariva: <<*Innanzitutto per me è stato molto difficile chiamare, sono una collega neuropsichitra infantile e mi trovo in una situazione molto imbarazzante, ho iniziato ad auto-somministrami degli antidepressivi, ma ne ho perso il controllo e ho bisogno di aiuto.*>>.

Dopo tale esposizione del problema, rispondevo che forse non era il caso di rivolgersi ad uno psicologo, bensì ad un collega neurologo o psichiatra, ma la donna ribadiva di sentirsi imprigionata in uno stato di dipendenza non solo dai farmaci ma anche dalla famiglia e dal suo attuale fidanzato.

Dopo aver riflettuto sulle sue parole, arrivavo alla determinazione di fissarle un appuntamento presso il Punto Unico di Accesso del servizio territoriale, spiegandole la procedura da attivare.

Ambra mi interrompeva prontamente dicendomi: <<*Preferirei venire in forma privata. Per me è difficile farmi vedere in un contesto assistenziale e per di più in un territorio dove io lavoro come neuropsichitra infantile. So che Lei svolge anche attività privata, mi scusi, ma ho fatto delle ricerche su internet ed ho trovato anche un suo articolo sulla "dipendenza affettiva" sotto al quale c'era l'indirizzo del suo studio. Mi sono rispecchiata nell'articolo, sono io!*>>.

Le fissavo, allora, un appuntamento presso il mio studio, lasciando cadere la questione della ricerca su internet. Tuttavia qualcosa dentro di me non mi faceva sentire sereno e quella telefonata continuava a tornare più volte nella mia mente durante tutto il pomeriggio.

La chiara sensazione di aver condotto la richiesta di colloquio solo per metà mi lasciava addosso una sensazione negativa: temevo di aver assunto un tono di accondiscendenza, di essermi lasciato condizionare da quella voce molto sofferente. Mi rendevo conto che la donna era riuscita a spiazzarmi e a trasmettermi una sensazione di difficoltà nella richiesta di aiuto e ciò aveva fatto in modo che essa conducesse la telefonata: era stata in grado di ottenere l'appuntamento dove lei riteneva più opportuno e, soprattutto, sarebbe arrivata in seduta con un'auto-diagnosi di dipendenza affettiva. Io avrei voluto riceverla nel contesto nel servizio di affido territoriale, lì mi sarei sentito protetto dall'istituzione e, a ben vedere, avrei sentito meno peso di dovermi confrontare con un medico neurologo.

Le riflessioni di quel pomeriggio mi permettevano, però, di capire una cosa importante che decidevo di appuntare anche sul blocco note del mio cellulare: la sofferenza che quella donna era stata in grado di trasmettermi era riuscita a manipolare il primo contatto telefonico.

L'incontro:

Il giorno del primo colloquio organizzo lo spazio della stanza preparando due poltrone, l'una di fronte all'altra, e mi siedo ad aspettare la paziente. Ripenso alla sofferenza trasmessami telefonicamente la settimana precedente immaginando l'arrivo di una donna dal viso segnato di dolore, al punto da premurarmi di sistemare su un tavolino accanto alle poltrone una confezione di kleenex.

Poco dopo Ambra arriva al mio studio con qualche minuto di anticipo e, sorprendentemente, mi trovo davanti una donna sorridente, ben truccata ed elegante che disattende tutte le mie fantasie e preoccupazioni.

Le chiedo di accomodarsi sulla poltroncina, le

domando se è stato agevole raggiungere il luogo e lei, tirando un sospiro di sollievo, inizia a chiacchierare con me delle distanze tra lo studio e l'ospedale presso il quale lavora.

Mentre lei riempie la stanza di parole e frasi di circostanza, io sento la necessità di comunicarle il mio stupore nel vederla così sorridente, ma mi trattengo dal fare commenti, soprassiedo e le chiedo di spiegarmi meglio le vicissitudini che l'hanno spinta a rivolgersi a uno psicologo.

Ambra inizia: <<*Mi trovo qui per una questione di dipendenza affettiva e di dipendenza da psicofarmaci ma non saprei da dove iniziare... La mia vita è un disastro! A quarant'anni vivo ancora con i miei genitori in una casa dove sto male, non ho un uomo mio, non ho amicizie!*>>.

Le chiedo allora di fare ordine e di spiegarmi da chi le sia stata diagnosticata la dipendenza affettiva e quando e in che modo essa si manifesti, così da potermi aiutare a capire meglio.

Il sintomo:

La paziente mi spiega di aver capito di essere affetta da questo disturbo nelle relazioni con gli altri grazie a letture su internet e mi dice: <<*E' una cosa che va avanti da sempre! Tutti i rapporti che ho avuto sono stati tormentati... Ho sempre scelto uomini più grandi di me, spesso sposati o già fidanzati, partner che però mi riverberavano un senso di sicurezza e di stabilità, quasi fossero delle "guide"*>>.

Mi racconta che tutte queste relazioni complicate terminano a causa della sua profonda gelosia e delle sue continue richieste di presenza sia fisica che telefonica. Spera che arriverà l'uomo che la sposerà, che le darà un figlio e una casa tutta sua; ma l'unico ambiente dove riesce a istaurare rapporti è quello lavorativo, luogo dove i suoi coetanei hanno già progetti di vita con altre donne e se si concedono avventure, sono solo tradimenti.

Dopo tante storie tormentate arriva Vittorio, un uomo di cinquant'anni, vedovo e con due figli, che frequenta il suo ospedale, facendo l'informatore scientifico. Tra una chiacchiera e l'altra tra loro si crea un rapporto di simpatia che ben presto sfocia in qualcosa di più profondo. Quell'uomo che la fa sognare e la riempie di attenzioni un giorno si presenta in ospedale con un anello chiedendole di andare a vivere insieme. Quel gesto, per quanto irrazionale ed affrettato, le dona una speranza di riscatto della propria vita (<<*Finalmente un uomo non sposato!*>>), speranza che dopo pochi mesi si scontra amaramente con una realtà dura da accettare: Vittorio ritratta dicendole di essere preoccupato per i suoi figli in quanto la loro storia rischia di compromettere il suo rapporto con loro, ha capito che sta accogliendo solo le richieste di attenzione della donna e , invece, messo da parte i ragazzi. La relazione continua alla luce di questa disillusione, ma da quel momento Ambra cade in una profonda depressione ed in un "circolo ossessivo-compulsivo".

Impressionato dalla terminologia appropriata della cliente, decido di approfondire l'aspetto sintomatologico e le chiedo, dunque, di spiegarmi le sue ossessioni.

<<La mia ossessione è chiamare Vittorio, sentirlo e sapere cosa sta facendo a qualsiasi ora del giorno e della notte, fintanto che lui non risponde ed io mi calmo! Se non riesco a sentirlo mi

sembra di impazzire, arrivo a fare anche trenta telefonate e, se non risponde, esco in macchina per andare sotto casa sua o giro a cercarlo per il paese. Vorrei che lui fosse più presente, che mi stesse vicino.. allora, per colmare il vuoto che sento dentro, appena esco da lavoro inizio a comprare vestiti ed oggetti inutili, e tutto pur di non rientrare a casa perché lì sto male. Forse esagero a chiederlo sempre al mio fianco, ma vorrei sentirlo almeno al cellulare. Queste ossessioni stanno rovinando la mia storia con lui! Se lo perderò non mi resterà più nulla; se migliorerò lui prenderà in considerazione l'ipotesi di andare a convivere!>>.

I farmaci come rimedio:

Quest'ultima affermazione della donna si chiude con un pianto dai cui trasuda tutta la tristezza e la disperazione. Provo a rassicurarla con lo sguardo e, protendendo il corpo verso di lei, col tono di voce e con le parole le faccio capire che comprendo il suo dolore. Poco dopo le lacrime si arginano e ci concediamo qualche minuto di silenzio. Provo a non perdere la rotta del colloquio e, seppur con voce più morbida, la riporto sul sintomo, perché voglio capire se esso è insorto solo nell'ultima sua relazione e quali strategie le hanno permesso di fronteggiarlo fino ad oggi.

Ambra mi spiega che la gelosia ha fatto da corollario a tutte le sue "storie", manifestandosi principalmente in un impulso irrefrenabile di controllo della persona amata, ma con Vittorio, essa ha raggiunto livelli insostenibili. Mi dice di rendersi conto che la sua gelosia e la sua ossessione del controllo sono state la causa dell'allontanamento di Vittorio ma lei non vuole e non può assolutamente perderlo per questo, perché lui è troppo importante, è il riscatto della sua vita. Oggi è pronta a qualsiasi cosa pur di riaverlo al suo fianco, è pronta ad accettare qualsiasi condizione o patto, purché lui ritorni a stare con lei.

Nella speranza di guarire dalla depressione e dalle continue ossessioni, la donna ha iniziato ad auto-prescriversi e ad assumere psicofarmaci, sconfinando spesso dai limiti posologici e mettendo così seriamente a repentaglio la propria vita, viste le patologie cardiache da cui è affetta.

Oggi i farmaci la dominano e lei non riesce a scalarli o a dosarli in modo corretto.

<<L'unica arma che ho per non perdere Vittorio è quella di contrastare i miei "scatti" di volerlo sentire e vedere... poi la paura della solitudine, che si ingigantisce con il passare dell'età e va di pari passo con l'avanzare delle lancette dell'orologio biologico, ti fa fare qualsiasi cosa!>>

Oltre la dipendenza:

Faccio fatica a condurre il colloquio poiché ogni frase ed ogni pensiero è indissolubilmente legato al suo partner. Ho intenzione di scoprire qualcosa della sua famiglia ma Ambra è molto abile a schivare anche le domande più dirette, allora le chiedo come hanno reagito i suoi genitori rispetto al sintomo e se l'hanno aiutata. <<I miei mi ritengono causa delle mie sventure – risponde la paziente – per loro sono una nullità, soprattutto per mia madre. Per lei io non sarò mai in grado di avere un uomo o di governare una casa, non avrò mai la sua stessa forza. Mio padre invece mi vuole bene, ma non ha potere nei confronti di mamma, non mi ha mai difesa e non si sono mai preoccupati di me,

sin dall'adolescenza>>. Sento che Ambra sta aprendo un mondo. Finalmente ha messo da parte Vittorio ed io mi faccio trasportare dalla curiosità cercando di scoprire qualcosa di più.

La paziente è la mediana di tre sorelle, la più grande, di nome Rossana, e la più piccola, di nome Olga. La vita della sua famiglia è stata segnata da un evento molto forte: l'insorgenza di una psicosi nella sorella più grande. Durante l'adolescenza e precisamente in estate, mentre erano al mare, Rossana sprofonda in un delirio molto grave, con allucinazioni e manie di persecuzione, tale da costringere la famiglia ad abbandonare il luogo di villeggiatura per fare ritorno a Napoli.

Ambra ricorda quegli anni come profondamente tumultuosi e pieni di sofferenza: i medici, i farmaci e i deliri della sorella pervadevano la sua vita di adolescente.

<< Era pazza! - ripete più volte - Io me ne sono vergognata e me ne vergogno ancora. Da quel momento in poi non ho mai più invitato amiche a casa, facevo una vita solitaria e mi dedicavo appieno allo studio. Sono sempre stata brava, mi sono laureata in medicina con il massimo dei voti e specializzata in neurologia, cosa mai apprezzata da mia madre. Anzi, lei non mi ha mai permesso di curare Rossana ma si è sempre rivolta ad altri miei colleghi, rimandandomi un senso d'incapacità. Oggi mamma ha 75 anni ma non ha perso tutta l'energia per scagliarsi contro di me>>.

La sorella minore, invece, è colei che ha attutito meglio il colpo della malattia, sin da adolescente ha coltivato hobbies, passioni e amicizie, per poi lasciare la casa familiare poco dopo la maggiore età. Oggi Olga ha due bambini e, seppur separata, vive da sola con loro e raramente frequenta la dimora materna.

Grazie a questi ultimi passaggi la storia della paziente prende migliore forma ed iniziano ad affiorare anche alcune ipotesi diagnostiche ma il quadro ha perlopiù contorni impressionistici. Nel riflettere perdo qualche parola della paziente, l'intensità della storia ha dato fondo alla mia attenzione e sono anche incerto sull'aprire o meno una nuova questione negli ultimi minuti. Faccio a botte con la curiosità e con l'orologio, vorrei provare ad essere rigoroso e rispettoso dei tempi della seduta e ho bisogno di qualche minuto per la restituzione.

Con una sottile ironia volta a stemperare la tensione, rimando a Ambra che oggi mi sento fortunato nel ricevere un paziente che giunge in seduta già con una diagnosi e, sorridendo, la ringrazio per aver fatto buona parte del lavoro (anche la paziente sorride ed appare più distesa) ma, per quanto lei sia preparata in materia, le chiedo di lasciare a me quel compito.

Naturalmente, per decidere di prenderla in carico ho bisogno anche di comprendere le sue aspettative nei confronti della terapia e, quindi, le esplicito molto chiaramente che un eventuale percorso è strettamente legato sia alla motivazione principale che la spinge ad intraprenderlo, sia a cosa si aspetta da esso.

Sento anche di poter azzardare una previsione rispetto alla sua costanza in terapia: la sua forte convinzione nel definirsi dipendente affettiva e ossessiva mi fa capire che sarà ostinatamente tenace nel voler guarire dal sintomo, ma so che ciò su cui dobbiamo realmente lavorare è il suo vissuto familiare. Quest'ultimo è un capitolo che dobbiamo leggere insieme e, per quanto tormentato e doloroso sia, non possiamo esimerci dal considerarlo. Le spiego che oggi vedo per lei una terapia che la aiuti a non cercare il "Vittorio" che la tirerà fuori della sua famiglia (la paziente mi accenna un sorriso d'intesa) e che forse è il momento di capire cosa ha realmente determinato il suo restare ancora a casa. Forte dell'attenzione di Ambra, mi spingo oltre e le chiedo se lei sarebbe disposta ad incontrare uno psichiatra di mia fiducia che potrebbe aiutarla rispetto alla terapia farmacologica. Ambra si irrigidisce:

<< *Di questo mi vergogno, il lavoro è l'unico contesto in cui godo di stima e non voglio apparire debole agli occhi di un collega, anzi voglio prima sapere di chi si tratta e dove esercita!*>>.

La rassicuro sul fatto che il medico potrebbe visitarla presso il mio studio, le dico di chi si tratta e dove lavora, ci ragioniamo insieme e, infine, la donna accetta, concordando sul fatto che per il prossimo appuntamento, prima della terapia, incontrerà il suo collega. A questo punto definisco il contratto terapeutico in termini economici e la cadenza degli incontri, scegliamo insieme una data e chiudiamo la seduta.

Troppa testa e poca pancia:

Potrei riassumere con questo titoletto la sensazione che ho provato al termine del colloquio e, per quanto esso sia terminato con la volontà della paziente di affidarsi, non ho percepito un buon senso di autoefficacia; la mia curiosità mi ha costretto ad una partita a scacchi con le resistenze di Ambra e con la sua regia che ha fatto di Vittorio il protagonista della storia.

Se da un lato ho avuto la volontà di approfondire e di andare oltre il sintomo, dall'altra ho provato ad immunizzarmi dalla sofferenza colta in quell'eloquio. Le parole di Ambra hanno espresso una disperazione che io ho colto e rimandato, ma ciò che più mi ha intimorito è stata la possibilità che quel dolore potesse permettere alla paziente di prendere il controllo dell'incontro, così come già era accaduto al tempo del primo contatto telefonico. Queste sensazioni mi hanno fatto ascoltare meno il livello emotivo ed ho avvertito di essermi accomodato poco nella sua storia. Ho prestato attenzione ad ogni parola, ma ho avuto l'impressione di star seguendo uno schema molto scolastico e la cosa mi ha creato non poche perplessità.

Con difficoltà ho dovuto ammettere a me stesso una grande verità: il vissuto raccontato da Ambra è stato in parte lo specchio di un pezzo della mia storia familiare. Sin dalle prime battute riferite alla malattia di sua sorella ho sentito vibrare dentro di me certe corde, tracciando un quadro delle grosse difficoltà che hanno i fratelli/sorelle di persone affette da disabilità psichica/fisica a separarsi dalle proprie famiglie. Ho aperto il ventaglio dei sensi di colpa che si provano nel lasciare il fratello/sorella con disabilità, con annesse le paure rispetto al bisogno improvviso che la famiglia potrebbe avere dei componenti "sani". Queste risonanze hanno determinato un eccessivo livello di sicurezza; ho più volte avuto la sensazione della "ricetta pronta" per lei e, maldestramente, ho condotto la seduta facendo passare tale senso di sicurezza imbevuto di molta razionalità.

L'atteggiamento assunto, tuttavia, mi ha garantito una doppia protezione: ho schivato il dolore controllante ed ho dissolto il timore della figura imponente della paziente/dottoressa professionalmente molto stimata. Ambra, fortunatamente, mi ha rimandato un senso di fiducia e di affidamento rispetto alla terapia, sebbene credo abbia percepito una sintonizzazione emotiva non ottimale.

Una prima ipotesi diagnostica:

Sebbene la storia della paziente fosse arrivata a me solo in parte, ho da subito sentito il desiderio di esplorare la sua struttura familiare e i suoi modelli di funzionamento, il mandato trigenerazionale e gli stili relazionali che la abitavano. Mille fantasie hanno incominciato ad affollare la mia mente, sebbene avessi pochi elementi per costruire un'ipotesi diagnostica.

Da un lato avevo intenzione di indagare sul rapporto di Ambra tanto con la madre, quanto con la sorella psicotica e, sicuramente, avrei esplorato il vissuto della paziente rispetto alla malattia che ha coinvolto tutta la famiglia. Quanto Ambra voleva "farsi vedere" dalla madre per ricevere stima e affetto da lei, premure e attenzioni? Quanto la madre la relegava nella condizione di "figlia cronica"? Quanto la donna cercava negli uomini il riscatto affettivo che non aveva mai avuto?

In ogni caso, qualche ora dopo il primo colloquio, ho cominciato a costruire, con i pochi elementi che avevo a disposizione, qualche ipotesi diagnostica che avrei confermato nelle sedute successive. A prescindere da qualsiasi inquadramento nosografico o da altre definizioni in termini di personalità, in Ambra ho visto la mancanza di autonomia, le percezioni negative e svalutative riguardo al proprio valore ed una inadeguata coscienza di sé, la paziente mi è sembrata bloccata in una gabbia fatta di continui bisogni, conferme e gratificazioni che cerca nel partner. Dal colloquio ho compreso che Vittorio si è spaventato a causa delle eccessive richieste di Ambra.

La prima ipotesi che ho provato a costruire mirava a verificare se l'evento para-normativo della malattia della sorella avesse dato origine a difficoltà di natura comunicativa ed affettiva nel rapporto tra la paziente e i propri genitori e quanto, alla luce di queste difficoltà, lei fosse stata "invisibile" all'interno della famiglia. Ho immaginato come il vuoto affettivo causatole dalla sua storia familiare avesse generato in lei un senso d'inadeguatezza e di impotenza che aveva poi cercato di colmare e neutralizzare gettandosi a capo fitto in relazioni alle quali chiedeva una "ricompensa d'amore".

Questa ipotesi potrebbe riferirsi ad un probabile Disturbo Dipendente di Personalità, definito nel DSM IV-TR (APA, trad. it. 2001) come "una situazione pervasiva ed eccessiva di essere accuditi, che determina comportamento sottomesso e dipendente e timore della separazione" (p. 77 1). La paziente, pertanto, portatrice di una serie di caratteristiche e di bisogni di accudimento, di presenza e di controllo, incontrando il partner, vivrebbe un'esperienza particolare data dalla ristrutturazione che il sé subisce a seguito dell'incontro con l'amante (Rigliano, 1998; Shaffer, 1996). Sarebbe, precisamente, l'interpretazione che Ambra da alla sua relazione con Vittorio a porre le basi della sua dipendenza. Lo stesso Bateson (1972, 1979) sostiene che è impossibile ricercare una struttura uniforme e monocausale nelle relazioni dipendenti ma ritiene che tutto dipenda dai significati che si sviluppano in quello specifico contesto. Nel caso particolare di Ambra non sarebbe il tipo di partner o di attività a causare la dipendenza, ma piuttosto l'interazione, i significati e i bisogni che si sviluppano tra la paziente, il partner e la situazione nella quale entrambi sono inseriti. Le relazioni stabilite dalla paziente, anziché essere improntate alla realizzazione di un progetto che promuova la crescita individuale, sono finalizzate esclusivamente alla conferma ossessiva di un riferimento, non importa se malsano e distruttivo.

Una seconda tesi su cui ho lavorato ha riguardato i rapporti all'interno della famiglia. Ho fantasticato su un "gioco delle parti" tra madre e figlia. Le continue autosvalutazioni che Ambra riceve dalla mamma presumibilmente non hanno mai agevolato "l'uscita dal nido", un compito evolutivo importante ed impegnativo a cui genitori devono far fronte per accompagnare i figli durante la cosiddetta fase del "trampolino di lancio", dove essi si congedano dalle rispettive famiglie d'origine per camminare sulle proprie gambe.

Ciò che ho immaginato è che a Ambra sia stato negato questo salto e le sia stato affidato il compito di "*genitore sostitutivo*" per la sorella Rossana. Un frammento della sua storia mi ha fatto comprendere come la paziente si sia assunta più responsabilità di quante le spettassero e, con molta probabilità, i genitori hanno accondisceso a questo mandato.

Nel primo colloquio, naturalmente, le acque sono ancora torbide e qualsiasi ipotesi diagnostica assume tutti i colori e le sfumature di una fantasia, ma tutte queste riflessioni mi hanno permesso di iniziare a tracciare la rotta per i prossimi incontri.

I passaggi salienti della terapia:

Il percorso terapeutico svolto con Ambra ha avuto una durata di dodici incontri con cadenza quindicinale e l'iter ha avvalorando l'ipotesi diagnostica iniziale di una dipendenza relazionale con una buona dose di sfumature di natura ossessivo-compulsiva, permettendomi di inquadrare questo tipo dipendenza affettiva come una condizione multidimensionale della paziente, caratterizzata da disfunzione e sofferenza con associata, soprattutto, la necessità del soggetto di focalizzare e controllare i comportamenti del compagno. Durante il trattamento, inoltre, il vissuto soggettivo di Ambra è apparto connotato da un forte vuoto depressivo che è sembrato dover essere compulsivamente riempito da un oggetto che, in questo caso, è Vittorio; in più, si è potuto individuare, attraverso le storie e i racconti, come lei non realizzasse più se stessa, ma che tutto il suo corpo e tutta la sua mente fossero esclusivamente dedicati al suo uomo, ed entrambe votate alla guarigione dalla gelosia. Persino l'utilizzo dei farmaci in maniera incontrollata potrebbe essere considerato come una forma di devozione verso il proprio compagno poiché, come la donna stessa riferisce:

" se i farmaci mi permettono di annullare le ossessioni e la gelosia, io potrò stare vicino a Vittorio".

Sulla scorta di queste considerazioni l'iter terapeutico è stato condotto cercando di perseguire due principali obiettivi:

1) Condurre la donna alla piena consapevolezza delle dinamiche del suo sistema familiare, lavorando in maniera preponderante sul rapporto tra lei, la madre e la sorella psicotica, mettendo alla luce come la disfunzionalità dei legami primari l'abbia messa nelle condizioni di "elemosina affettiva";

2) Evidenziare e rielaborare le difficoltà della paziente sul versante emotivo, concentrandosi, primariamente, sull'incapacità di riconoscere le proprie emozioni, e sulla sua tendenza a individuare costantemente ciò che accade nella mente dell'altro e a mettere in atto comportamenti ossessivi come unica risoluzione alla frustrazione derivante da questa inabilità decodificativa.

Ho basato il lavoro sul sistema familiare considerando che la letteratura in materia di dipendenze relazionali ci riferisce che la storia familiare di questi pazienti è spesso costellata da esperienze dolorose ed eventi estremamente critici che richiedono di far fronte a problemi gravi dei genitori o dei familiari. Tali eventi, infatti, danno origine a dinamiche relazionali che sono spesso disfunzionali e, sovente, si assiste a posizioni fortemente protettive nei confronti dei genitori, oppure a una rassegnazione passiva e, pertanto, a una muta sofferenza. Entrambe le posizioni, siano esse più attive o più passive, sembrano comunque essere accompagnate dal desiderio di rimuovere tale tormento, di superarlo, oppure, di cancellarlo ma, comunque, sono sempre accompagnate da una devastante sensazione d'impotenza e di frustrazione. Tutti questi vissuti sono presenti nella storia della donna, essa sembra voler rinunciare a vedere o ristrutturare il proprio sistema familiare, nascondendosi dietro frasi quali *"ormai sono anziani e nulla più c'è da fare"*.

Il lavoro sul sistema familiare, per quanto difficile e ricco di resistenze da parte della paziente, ha confermato quanto lei avesse vissuto relazioni affettive devianti in età precoce e, soprattutto, poco prima dell'adolescenza, evidenziando come, in virtù di queste "delusioni familiari", si sia, dopo, diretta verso altre relazioni affettive in cui fosse necessario elemosinare attenzioni e continue conferme da parte del partner sulla bontà della relazione.

In più incontri è apparso chiaro che quando "l'altro" non c'è, il suo pensiero non basta rassicurare Ambra che, senza partner, sente di non esistere, sviluppando e poi perpetuando, così, un'autostima già deficitaria.

Dai colloqui è emerso come l'infanzia della paziente sia stata connotata da una relazione con una madre fredda e non disponibile dal punto di vista emozionale, e come da piccola abbia dovuto mantenere la sua regolazione emotiva al meglio delle sue abilità, minimizzando la dipendenza verso il genitore poco accudente.

Rielaborando tali vissuti, si è rimandando ad Ambra, nel corso dei colloqui, quanto questo tipo di relazioni si siano dimostrate adattive in un momento specifico dell'infanzia ma, poi, quando si siano rivelate problematiche in altre fasi del ciclo vitale e, inoltre, quanto l'abbiano condotta ad uno sviluppo emozionale distorto, con i conseguenti problemi emotivi e comportamentali, tra cui, la scelta di un partner non disponibile emozionale. Sembra che la paziente non abbia mai abbandonato la ricerca di una conferma affettiva all'interno della propria famiglia e, resasi conto della trappola, voglia come unica conferma per abbandonare il sistema familiare, quella di un uomo che le dia la gratificazione affettiva che all'interno della famiglia non ha mai trovato. Il non aver abbandonato mai il nido familiare è lo specchio chiaro di questo tipo d'interazione, confermato, in più, dai ricatti motivi che la madre e la sorella psicotica perpetuano su di essa. La chiara rielaborazione di questi vissuti concede a Ambra una nuova chiave di lettura del proprio sistema familiare e di come oggi sia giunto il termine perentorio per abbandonare la sua posizione di figlia e di uscire dagli autoritarismi affettivi materni.

Il lavoro terapeutico con Ambra è proseguito operando, inoltre, su quanto il suo stato di dipendenza affettiva non sia un destino segnato ma, solo un copione possibile. Questo tipo di approccio è stato fondamentale all'atto della ristrutturazione della richiesta terapeutica e nel lavoro sul versante alessitimico.

Ho compreso, infatti, sin dal primo colloquio, che la paziente volesse intraprendere la terapia come ultimo rimedio per cambiare se stessa e per riconquistare Vittorio, più volte, ha verbalizzato che se la sua gelosia ossessiva avesse avuto fine, allora avrebbe potuto riconquistare il suo amato uomo. Alcune sedute, perciò, sono state dedicate a riflessioni e rimandi rispetto a come ciascun essere umano potesse coltivare l'illusione benefica di accontentare un passato cupo e triste, affidando a un salvifico partner tutte le proprie pene affettive, con le tristi conseguenze che lei stessa sperimentava.

Passaggi terapeutici importanti in questo senso hanno fatto comprendere alla paziente come il desiderio di guarire dalla gelosia fosse solo una chiara richiesta di fusione con Vittorio e, quindi, l'ennesima strategia di controllo, questa volta sia su se stessa, che sull'altro, diventando, sostanzialmente, essa stessa un elemento funzionale a mantenere in vita quella relazione.

Come ho accennato, il secondo obiettivo terapeutico ha riguardato la volontà di evidenziare e far rielaborare alla paziente le sue peculiari difficoltà sul versante emotivo, concentrandomi, primariamente, sull'incapacità di riconoscere le proprie emozioni, e sulla sua tendenza a individuare costantemente ciò che accade nella mente dell'altro, e a mettere in atto comportamenti ossessivi come unica risoluzione alla frustrazione derivante da questa inabilità decodificativa. Attraverso questo tipo di intervento, infatti, mi è sembrato possibile avere una limpida spiegazione causale della natura ossessiva della gelosia di Ambra, sappiamo, infatti, dalla letteratura, quanto il concetto di mentalizzazione e funzione auto-riflessiva sia utile a comprendere meglio lo stile cognitivo e le percezioni della paziente che, più volte, ha proprio espresso la sua incapacità a cogliere cosa stesse succedendo soprattutto nella testa di Vittorio, piuttosto che nella sua testa. Ho notato, chiaramente, dalle parole della donna quanto cercasse di costruire rappresentazioni dei sentimenti, pensieri, desideri e credenze del suo uomo, verbalizzando, infatti, la difficoltà a metallizzare i propri stati emotivi.

Negli incontri ho rimandato a Ambra come l'incessantemente lavoro di costruzione di ipotesi rispetto ai pensieri di Vittorio fosse il trampolino di lancio delle sue telefonate ossessive, riflettendo sul fatto che quando non riesce a mettersi in contatto con lui, per ascoltare dalla sua voce parole di rassicurazione e conforto, tutte le emozioni esperite in quel preciso istante diventavano catastrofiche e generavano atti impulsivi e comportamenti compulsivi.

Operando con la donna sull'importanza della funzione auto-riflessiva, e su come risposte adeguate durante l'infanzia da parte dei genitori siano utili al bambino per sviluppare una teoria della mente dell'altro, ovvero, per avere la possibilità di percepire la mente dell'altro in termini di obiettivi aspettative ed emozioni, ho avuto la possibilità di accedere al sintomo e di ristrutturarlo in ottica relazionale; la storia familiare di Ambra, infatti, non le ha dato accesso a quei processi utili a sviluppare un livello rappresentazionale e simbolico della vita interiore propria ed altrui, segnando definitivamente una lacuna permanente per accedere ad un livello rappresentazionale e/o simbolico.

Ho potuto ipotizzare, quindi, quanto l'impossibilità della paziente *a tenere a mente la propria mente e quella dell'altro* abbia inficiato il processo di passaggio dall'etero-regolazione all'auto-regolazione degli affetti e che, quindi, la donna avesse sempre bisogno di un supporto esterno per portare a termine questo tipo di decodifica.

In terapia, perciò, si è aperto il "vaso della tolleranza", lavorando su come la regolazione affettiva non indichi solo e semplicemente il controllo delle emozioni ma, anche, la capacità di tollerare affetti negativi, compensandoli con aspetti positivi, senza dover ricorrere, necessariamente, ad agiti comportamentali come le continue telefonate e gli sms che la donna perpetuava. Tutte queste considerazioni, infatti, mi hanno permesso di cogliere un aspetto basilare del funzionamento mentale di Ambra, ovvero la sua particolare attitudine a dover accogliere le emozioni del partner, il quale si configura come l'oggetto esterno utile alla paziente per regolare gli stati emotivi difficili da gestire o percepire.

Nel nostro caso, dunque, il sintomo portato in terapia dalla paziente è stato interpretato come disturbo della regolazione affettiva, accompagnato da un'insufficienza di simbolizzazione. La difficoltà della regolazione affettiva di Ambra è diventa un processo attivo, che ha coinvolto la dimensione neurofisiologica, quella motoria e comportamentale. Ho concentrato il lavoro terapeutico, infatti, sulla capacità della donna di tollerare la frustrazione nel momento in cui Vittorio non fosse disponibile telefono o, comunque, non fosse disposto rassicurarla, ridefinendo tutti questi agiti come l'effetto soggettivo e immediato messo in atto dalla donna per sbarazzarsi di qualsiasi emozione di sofferenza prodotta dall'assenza dell'uomo e delle sue rassicurazioni.

9. CONCLUSIONI

Il percorso terapeutico di Ambra è stato lungo e complesso e, sebbene non sia stato in grado di aiutarla pienamente nel superamento delle sue difficoltà, l'ho accompagnata fino all'uscita dal nido, poiché, nelle ultime sedute, la donna ha deciso di andare a vivere da sola, lasciando la casa madre e imparando a difendersi dai ricatti affettivi dei genitori.

Tuttavia, i livelli ossessi di controllo del partner non sono totalmente scomparsi, ma solo diradati nel tempo e, frequentemente, la paziente è ricaduta nelle continue telefonate e sms verso il proprio compagno.

Suppongo, però, che il percorso sia stato funzionale a far vedere a Ambra come sia più importante accordare gli strumenti per "sentire se stessa", piuttosto, che ricorrere a conferme di quello che provano e sentono gli altri da sé, difatti, la terapia si è conclusa quando la donna ha richiesto un percorso di coppia insieme a Vittorio, proprio in seguito alla presa di coscienza rispetto al fatto che la poca disponibilità emotiva dell'uomo fosse diventata un gioco delle parti intricato nella loro relazione. Di fronte a questa richiesta ho preferito inviare la coppia ad un collega, spiegando alla paziente che sarebbe stato opportuno portare Vittorio, e le sue nuove consapevolezze, in un nuovo contesto, più limpido e più neutrale.

Considerando i casi con cui mi sono confrontato negli ultimi tempi, ritengo che quello di Ambra, oltre ad essere tra i primi che seguo privatamente, sia tra quelli maggiormente interessanti, difficili ed affascinanti. Ho anche riflettuto con ironia sulla causalità concernente la similitudine di alcuni vissuti famigliari della paziente rispetto ai miei. Più volte ho pensato a quanto abbia potuto da questo incontro terapeutico, poiché Ambra, con la sua storia, è stata capace di smuovere emozioni forti, scalfendo la parte più "alessitimica" della mia personalità.

Senza dubbio ascoltare emozioni evoca emozioni, e in certi momenti mi sono sentito coinvolto nel processo terapeutico al pari della paziente, soprattutto quando parlava della sorella. Ho scoperto, per la prima volta, che l'esperienza emozionale risiede, non certo e non solo, nella storia del percorso di vita del paziente ma, piuttosto, nell'interfaccia relazionale che terapeuta e paziente stabiliscono, è lì che si generano le emozioni più intense. Sappiamo bene, per la neurobiologia della relazione e per le scoperte sui neuroni specchio, quanto l'osservatore "*rispecchi*", anche a livello neurale, ciò che avviene nella mente del soggetto che sta osservando, come se fosse l'osservatore stesso a compiere l'azione. Durante i colloqui con i pazienti, l'esperienza emotiva che percepisce il terapeuta è, quasi, come se fosse una simulazione incarnata che riproduce lo stato dell'interlocutore, cogliendone, così, le intenzioni più profonde. Il cervello umano, dunque, si attiva in modo immediato alla percezione delle emozioni altrui, espresse con moti del volto, gesti e suoni, e codifica istantaneamente questa percezione in termini viscero-motori, crea una simulazione incarnata di quello che sta vivendo, facendo o provando il nostro interlocutore.

Ho sperimentato, infatti, che la relazione con un unico paziente favorisce un grado maggiore di coinvolgimento emotivo tra le parti in causa, è un flusso più energico che irradia tutta la stanza di terapia.

BIBLIOGRAFIA
(IN ORDINE DI CITAZIONE)

1. Frankl V.E. (1983). Un significato per l'esistenza. Roma: Città Nuova.
2. Rigliano P. (1998). Indipendenze. Torino: Gruppo Abele.
3. Shaffer, H. J. (1996). Understanding the means and objects of addiction: Technology, the Internet, and gambling. Journal of Gambling Studies, 12(4), 461-469.
4. Bateson G. (1976). Verso un'ecologia della mente. Milano: Adelphi.
5. Bateson G. (1984). Mente e natura. Milano: Adelphi.
6. Rigliano, P. (a cura di). Indipendenze. Alcool e cibo, farmaci e droghe, comportamenti di rischio e d'azzardo: le relazioni di dipendenza, Edizioni Gruppo Abele, Torino, 1998, p. 48.
7. Caretti V., Di Cesare G. (2005). Psicodinamica delle dipendenze, in Caretti V., La Barbera D., (a cura di), Le dipendenze patologiche, Cortina, Milano.
8. Ruspini E. (2004). Le identità di genere. Roma: Carocci
9. Catania V. (2006), La dipendenza affettiva. Psicologia di Comunità n.1/2006. Milano: Franco Angeli.
10. Clulow C. a cura di, (2003), Attaccamento

adulto e psicoterapia di coppia. Roma: Edizioni
Borla.

11. Bowlby J. (1983), Attaccamento e perdita: la
perdita dalla madre, 3° vol. Torino: Bollati
Boringheri.

12. Fonzi A. a cura di (2004), Manuale di Psicologia
dello sviluppo. Prato:Giunti.

13. Mikulincer M., Shaver R. (2004). Security-based
self-representations in adulthood: contents and
processes. In Rholes W.S., Simpson J.A., Adult
attachment. Theory, research, and clinical
implications. New York, The Guilford Press,
159-195.

14. Mikulincer M., Shaver R. (2008).
L'attaccamento adulto e la regolazione delle
emozioni. In Cassidy J., Shaver R., Manuale
dell'attaccamento, Seconda edizione, Roma,
Fioriti Editore, 2010, 581-614.

15. Liotti, G., Farina B. (2011). Sviluppi traumatici:
eziopatogenesi, clinica e terapia della
dimensione dissociativa. Milano, Cortina.

16. Watzlawick P., Beavin J.H., Jackoson Don D.
(1997). Pragmatica della comunicazione umana.
Roma: Astrolabio

17. Cancrini L. (2003), Schiavo delle mie brame.
Piacenza: Ed. Frassinelli.

18. Sameroff, A.J., Emde, R.N. (1989).
Relationships Disturbances in Early Children. A
Developmental Approach. Basic Books, New
York. Trad. it.: I disturbi delle relazioni nella
prima infanzia. Boringhieri, Torino, 1991.

19. Stern, D. (2004). The present moment in
psychotherapy and everyday life. New York:

Basic Books. Trad. it. Il momento presente in psicoterapia e nella vita quotidiana. Milano: Raffaello Cortina.

20. Cannizzaro, E. (2005). Neurobiologia delle dipendenze, in Caretti V., La Barbera D. (2005), a cura di, Le dipendenze patologiche, Cortina, Milano.

21. Ruggiero, G., Iacone, S. (2013). La dipendenza affettiva tra neuroscienze e psicoterapia. in Iacone S., Verde, L.(2013), a cura di, Mente Darwiniana e addiction,5:103-123.FrancoAngeli, Milano.

22. Cancrini L. (2003),Schiavo delle mie brame,Frassinelli, Piacenza.

23. Ruggiero,G., Iacone, S., Fargnoli, C. (2009). Schiavo son dei vezzi tuoi:la co-dipendenza tra clinica e ricerca.In Storia e geografie familiari, 2:56-78.

24. Cacace, S., Valsavoia, R.(2008).La valutazione diagnostica. E-Noos, Aggiornamenti in psichiatria.Nuove dipendenze. Eziologia clinica e trattamento delle dipendenza "senza droga" 2:117-127.

25. Goodman, A. (2011). What's in a name? Terminology for designating a syndrome of driven sexual behavior. Sex Add Compulsiv 8, 191–213.

26. O'Brien.. C. (2010). Addiction and dependence in DSM-V. Addiction, Vol2. 866-897.Society for the Study of Addiction.

www.ingramcontent.com/pod-product-compliance
Lightning Source LLC
Chambersburg PA
CBHW061709250726

48657CB00002B/572